愛情，不只順其自然2

練習被愛

亞瑟 著
AWE情感工作室

目錄

目錄

Chapter 3
談一場理想戀愛1
——基本策略

Chapter 4
談一場理想戀愛2
——優化策略

前言

「該怎麼讓對方喜歡我？」、「要怎麼樣才會有魅力？」、「該如何讓對方想跟我交往？」、「怎麼做才能讓對方不離開我？」、「對方如果不愛我了，我要怎麼辦？」

從事戀愛教練這份工作多年，我聽過各式各樣「該如何讓對方愛上自己」的問題，卻從來沒有人問過我：「該怎麼被愛？」

明明所有人談戀愛的理由，都是希望能夠好好被愛，卻沒有人對於「該如何被愛」發問過，彷彿只要有一個愛著自己的人，我們自然就會懂得該怎麼好好接受。

但這是真的嗎？以我的經驗來看，顯然並非如此。

我看過許多人在戀愛裡，因為想體諒對方，所以不斷委屈自己去配合；因為害怕衝突會破壞關係，而壓抑自己的感受；因為希望關係能夠繼續維持，當遇到不滿的事或不好的對待時，強迫性的告訴自己：「這些事沒關係」；不斷被對方貶低、攻擊、破壞自信，卻仍深信這就叫作「愛」、相信對方是為了自己好；甚至有許多人已經感覺不到自己的感受，連自己愛不愛對方、這段感情快不快樂都搞不清楚。

在關係裡沒被愛著的例子不勝枚舉，但顯少有人求救。大部分的人都將焦點放在「對方愛不愛我」上，因為人們做了一個錯誤的假設——只要對方夠愛我，那麼感情就不會存在這麼多問題。

人們往往將感情中的不順和痛苦，歸因於「對方不夠愛我」、「我們不適合」，認為解決問題的方法，就是去思考「如何讓對方更愛我」、「如何愛人」、「如何挑選適合自己的對象」，卻從來沒有想過：會不會問題根本不是對方對我的愛有多深，而是我不了解該怎麼被愛？

「不會被愛」的情形，其實在交往前就有跡可循：為了配合對方，放棄自己原本的安排和原則；害怕向對方表達自己的感受，因為認為自己沒有資格要求對方；無法坦然接受對方的好意，因為認為接受他人的好意就是依賴、不獨立、公主，就不會被喜歡；無法拒絕對方，因為害怕一旦拒絕了，對方就會降溫、就會沒那麼喜歡自己……。

女性只要有上述的情況，通常就很難進入交往，就算原本有好感的對象，也很容易淡掉。為什麼會這樣呢？

許多人將之解釋為：「男人喜歡挑戰的感覺，所以需要拒絕他們，不能什麼事都百依百順。」但我覺得這是個治標不治本，而且不一定正確的說法。

首先，不是每個男人都有能力享受挑戰；第二，有許多女性會因為這種理解，對異性做出過多不必要的拒絕，而這單純只是為了增加追求自己的困難度，好顯得自己好像很有價值、很難上手；第三，即使為了交往而故意拒絕，交往之後仍然會原形畢露，因為這些女性打從一開始就沒有辦法拒絕對方。

從我的戀愛和教學經驗來看，比起「男人喜歡挑戰」，我認為更準確的說法是：男人比較不喜歡不容易被愛的女人，因為「享受被愛」才是男人想要的愛。而不容易被愛的女人，又總是在跟別人要愛。

我將這句話拆成兩個部分來解釋：

男人在關係裡，喜歡給予對方實質的服務或物質，因為其它諸如陪伴、傾聽、安撫……等等的事，我們通常不太擅長。當對方沒辦法接受、享受自己的好意時，男人就會感到挫敗。所以反過來說，當女性能夠因為我們的表現或給予感到開心時，我們就會感覺自己做得很好、很有價值，從而覺得和對方待在一起很快樂。這就是所謂的「『享受被愛』才是男人要的愛。」

不容易被愛的女人，往往會感覺到自己常是付出的一方。在不斷付出又無法接受他人善意的情況下，心裡自然變得越來越缺乏、委屈，就會想跟對方要求回報，認為相比自己所做的一切努力，要求一點回報應該不過份吧？但講句大實話，這其實就是一種情緒勒索。

當男人感覺「自己沒有價值」和「會被對方情緒勒索」時，就是男人為什麼不偏愛無法好好被愛的女人的原因。

從事戀愛教練這些年，我發現多數人都低估「被愛」在關係裡的重要性，並且高估自己被愛的能力。幾乎沒有人認為「被愛」是需要練習的，我們總以為那是與生俱來的能力。

但事實上，不會被愛的人，也不會愛人，因為人沒有辦法給出自己沒有的東西。當妳不曾好好接受過別人的愛、好好感受過愛所帶來的快樂、好好讓自己被愛所滋養，妳也無法給予妳愛的人真正尊重的愛，甚至妳會沒有力氣去愛。

被愛並不是軟弱或自私的行為，它只是所有人類的渴望。人因為想要被愛而努力談戀愛，卻又從來沒有好好的練習過該如何被愛，這不是很奇怪嗎？

被愛不僅是善待自己的途徑，也讓我們有更多能量去善待身邊的人、有更多智慧明白該如何體貼別人、更了解該如何尊重別人、更有勇氣去給予別人價值感。在我們因為被愛而得到更多滋養的同時，也才擁有了能夠愛人的能力。

不論是交往前還是交往後，「被愛」都是一件重要的事情，它是關係的核心。所以如果妳目前遭遇的問題，是在交往關係中常常感到委屈難受，卻又不知道怎麼辦，那麼本書可以協助妳的，是讓妳更清楚了解自己的感受及需要，並且能夠更完整的向對方表達。

如果妳的情況，是難以和喜歡的對象進入交往階段，那麼本書除了教妳如何建立更吸引人的被愛心態以外，也延續了上一本《愛情，不只順其自然》的內容，在戀愛觀點上有更多的補強，讓妳能夠用與以往截然不同的思考觀點，去看待妳的感情。

Chapter 1

過去沒看見的戀愛盲點

——妳不需要有用才會被愛

LOVE LOVE LOVE

1-1

妳認為的好，對男人來說可能並不好

我看過很多善解人意、熱心助人，不勉強他人、能體諒別人的處境，設身處地的替人著想的好女孩。她們不僅心地善良，多半還很聰明很獨立很優秀，可說是內外兼備。

在網路論壇裡，這種好女人幾乎跟上古神獸沒什麼兩樣，男人們都吵著想跟這樣的女人交往、希望身邊的女性可以跟這種女人多學學。

大家打著燈籠都找不到的女性，我卻一天到晚看到——在我們的教室裡。

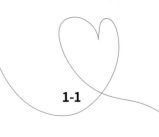

這些人出現在我們的教室裡，實在是一件很不合邏輯的事——每個男人都在說自己想找懂事、貼心、獨立自主的女性，不是嗎？照理來說，她們應該是市場上最紅的一群，為什麼還會大量出現在我們的課堂上？

乍看之下令人費解的問題，實際上並沒有這麼困難，原因就只是出在：好女孩們認為的好，跟男人要的不一樣。

從小到大，不管是父母還是老師，乃至於整個社會，都在教導我們要成為有用的人，要功成名就、要品性高尚、要行為端正，這樣才會受到尊敬、才會有朋友、才會有人愛。

好女孩們基於這樣的邏輯思維，要求自己成為一個克己的人：不無端收下他人的好意、不給別人沒意義的希望、善盡本份不求回報……。

這種不接受他人好意的行為，古人稱為「無功不受祿」。它乍看之下不是什麼問題。甚至我們會認為獨立自主、不拿別人好處的人是更有品德的。尤其男女平權的意識抬頭，更會讓許多女性認為自己不該仰仗性別紅利，必須與男性徹底平等。

妳一定看過很多文章或教學，告訴女人要自我提升，讓自己成為更好的人，才能找到更好的對象、才會有人愛。即使沒有直接看過這類的教學，也不難從網路的輿論，或周遭親友們的反應裡，看出什麼樣的特質容易被喜歡，而什麼又容易被討厭。

但是呢，我們沒想過的事情是：這些是普世價值啊！這是身為一個「人類」所揹負的期望，而不是「戀愛價值」——這不是男人對「女人」的期望。

的確，當個好人對於我們與這個社會能否和諧相處，似乎有很大的幫助。但成為一個公認的好人，對於談一場戀愛來說，並沒有太大的用處。

就像妳不會想跟每個異性朋友談戀愛，是因為他們沒有讓妳感到心動、沒有讓妳覺得他們好像是個「男人」，即使知道他們會站著尿尿，也不會強烈的感受到他們是異性的事實。

男人在看女人的時候也是這樣：男人想找的不是一個極度優秀的人類，又不是公司在找職員。男人找的是女人，活生生、很可愛的女人！不管妳再怎麼優秀，只要男人沒感覺到妳是個會讓他們心動、想靠近、想交流的「女性」，那麼妳永遠都不會成為一個對象。

我在第一本《愛情，不只順其自然》裡說過，要讓對方意識到妳是個異性，關係才有開展空間。同樣的，如果只是不斷提升自己身為人類的價值，而沒有想過身為一個「女性」的自己該如何自處，那麼不論將自己改造成多優秀的人類，充其量只會成為人類世界的強者，而不是一個對象。

男人在找的不是「有用的人」，而是「可愛的女人」

在性別平等意識成為主流觀念後，越來越多女性追求成為一個有用的人，我認為這樣的想法很進步，因為它讓女性的世界變得更遼闊，也更自由。不需要再像古早時代一樣關在家裡，以家庭為重，而是可以發展自己的興趣和所長，為全體人類貢獻自己的才能。

但與此同時，女性們也將「有用」的觀念，帶進了關係中：吃飯ＡＡ制、家庭開銷一人一半、房貸一起扛。

這些行為很貼心，也真的幫了大忙，但這跟「可愛」並不一樣。

妳要知道，妳想要的是談戀愛，而不是尋找一個生活同盟，跟妳一起組隊對抗名為「資本主義」或「高房價」的怪物。

男人也是一樣。男人在找的是「讓我想要照顧、想要保護、想要陪伴、想要靠近、想要發生關係」的女人。如果只是要人幫忙付帳單，或許找個室友還比較乾脆一些，至少打電動的時候不會有人管。

很多女人對於男人總是喜歡綠茶婊感到很納悶，甚至是憤怒。看到男人被那些賤女人耍得團團轉，女性大部分的反應都不是試圖去了解男人在想什麼，而是抨擊這樣的女性，認為她們會有報應、囂張沒落魄的久、遲早被人看穿。

我完全懂這種心情。在我還不會談戀愛前，也認為那些很會談戀愛的男人都是渣男，女人都瞎了，看不到我身上隱隱散發的新好男人之光，活該被渣男騙。

但事實真的是這樣嗎？女人真的都很笨，才不懂得欣賞我的好嗎？

當女性們認為「男人都很蠢，才會喜歡那些賤女人」時，其實跟被發好人卡的男人覺得「女人都愛錢愛渣男」沒什麼不同，都是不深入探究其中的原因，只想堅信自己原本的想法和作法。

沒有人是蠢蛋，也沒有人是瘋子，女人會愛男人口中的「渣男」，跟男人會愛女人口中的「賤女人」，都是有原因的，只是我們想不想深入了解而已。

男人喜歡賤女人或綠茶婊的原因很簡單：因為她們很可愛。

如果妳很有用，那麼男人會想要跟妳當同事、工作夥伴、室友、朋友，但不會想找妳當女朋友；但如果妳很可愛，就算妳不會幫忙付房貸，男人也會想盡辦法，讓妳們一起生活，只是生活的品質可能看個人能力而定；如果妳又可愛又有用，那真是感謝上蒼的恩典，但還是請妳可愛大過有用，這樣我們才愛得下去。

這才是現實。比起「有用」，男人更在乎「可愛」。就像比起「有錢」，女人可能更在意「感覺」，這是一模一樣的事。

那些課本或媽媽教我們的溫良恭儉讓、品德高尚、獨立自主，的確能夠讓我們更適應人類社會的相處，但不見得會讓我們變得更可愛、更有異性緣。尤其如果妳有個不擅長戀愛的媽媽，請更小心她的建議，如果她真的這麼行，當年會相親結婚嗎？

我並不是要說媽媽或相親結婚不好，但這就像妳不會來問我怎麼修馬桶或做財報一樣。術業有專攻，如果現實就是一個人的戀愛績效很差，那麼不要聽她的或許才是提高戀愛成功率的好方法。

當然，我明白很多人的下一個問題是：「好，現在我知道『有用』對於戀愛沒太大幫助了，那我要怎麼做，才能變得可愛？」

什麼是可愛？

這裡說的「可愛」指的並不是長相，而是態度和行為。

其實呢，人只要夠可愛，沒用也沒關係——嬰兒就是最棒的例子。

看看嬰兒有多沒用？嬰兒既不會出去幫忙賺錢繳房貸，也沒在講什麼道德，但誰在意？

當然，也不是每個嬰兒都很可愛（我指的不是長相），絕對有一些嬰兒很討厭。嬰兒討不討喜，主要取決於親不親人、愛不愛笑，說白了，就是個性可不可愛。

我們不可能變成嬰兒，也沒打算要對方幫妳包尿布，完全模仿嬰兒，顯然是個不明智的行為。我們只能將嬰兒的態度和行動方針作為參考指標。

那怎麼樣的態度和行為，才能以成人的身份讓人覺得可愛呢？講話嗲聲嗲氣嗎？娃娃音嗎？把自己裝得很笨，問些白痴問題，然後再用崇拜的眼神看著男人嗎？男生打籃球的時候，在旁邊像傻妹一樣一直尖叫，喊「好帥！」嗎？（這不是我個人意見，只是很多女生用嫌惡的語氣跟我說過這些事。）

我不會說這些方法沒用，其實有時候還真的蠻有用的。但這不是我要妳做的事。男人的確需要崇拜，但無腦崇拜不是人人都做得來，也沒有必要人人都這麼做，我們還有其它方法，可以讓妳很可愛。

男人普遍喜歡快樂的女人，不是每個人都像賈寶玉。比起不快樂的女人，快樂女人有更高的機率，會讓男人覺得很可愛。

為什麼男人喜歡看到女人開心呢？原因有二：一，只要女人快樂，男人日子就好過，所以俗話說「Happy wife, happy life」，只要女人快樂，男人就不用因為擔心自己會掃到颱風尾，而費盡心思、想方設法的讓對方心情好起來。畢竟安慰、陪伴、傾聽，幾乎是多數男人公認最不擅長的幾件事了；第二，快樂的女人會讓男人感到輕鬆自在，尤其當對方是因為自己而開心時，我們更會感覺自己很棒、尊爵不凡、很有價值感。

所以只要能讓男人在她身邊感到快樂、喜悅、自我感覺良好的女人，就會被認定為「可愛的女人」。而要讓男人產生這種感受，最簡單的作法，就是被取悅。

雖然沒有明確的意識，但在男人心裡，女人大致可以分為以下幾種：好取悅、會因為我的行動而感到開心，也會給予回饋的女人＝可愛的女人；很難取悅，不管做什麼對方都覺得是應該＝不可愛的女人／公主；

對於我的好意，連接受都不願意＝有距離的女人。

但女人的分類是：

沒有要跟對方交往，還接受別人的好意＝賤女人；

有可能要跟對方交往，收下對方的好意＝正常的女人；

不收下別人的好意，凡事自立自強＝好女人。

我們可以看出男女在認知上有多大的差異，這也正是為什麼有這麼多女性感情不順的原因。雙方的認知落差實在太大了，大到不可思議，如果沒有確實理解到這點，就只會不斷的往無用的方向前進。

為什麼上述的娃娃音、無腦崇拜、球場邊的尖叫聲，會對男人產生正向作用？因為它們都讓男人認為：我有用、我可以幫到妳、我可以取悅妳、我的存在令妳感到開心、我好棒。

對的，男人的終極核心就是：感覺自己好棒。就這麼簡單。

男女有一個很大的差異：女人做的事，往往是想確保自己或子女的未來，可以有一定程度的保障；而男人做的事，通常都只是為了取悅女人，因為這會讓我們認為自己很棒。

上課的時候，我都會問女學生一個很有趣的現象：「大家都會說要買房，但通常買房子的是男人還是女人？」學生們會告訴我：「嗯……通常是男人。」這時候我會再問：「那想買房子的，通常是男人還是女人？」她們就會竊竊地笑，然後說：「女人。」

這不是性別歧視，我認為這只是男女關係裡的一種現象。雖然我的樣本數可能不夠多，但我發現，如果妳問一個女人：「為什麼想要買房？」她可能會說：「因為想要有一個自己的家」、「為了小孩以後的學區」、「不想跟公婆住」……等等的原因。但如果妳問一個男人：「為什麼想要買房？」十個裡面有七個會說：「因為我老婆想要。」一個會說：「因為我女朋友想要。」還有一個則會直接把老婆的名字唸出來：「因為XXX想要。」大概只有最後一個會說：「因為要投資。」

我覺得這就是男人想取悅女人最極致的例子，而好女孩們就是在這點上，徹底阻絕了自己的桃花運——妳以為拒絕別人的好意才是有禮貌，但別人卻會認為是自己整個人都被拒絕。

我們來換位思考一下，就不難理解男人為什麼會產生這樣的想法：假設有某個人不貪心、不無端收禮、獨立自主，當妳和他並沒有太親近的關係時，可能會覺得對方是個品性良好的人。

但如果他是妳喜歡的對象呢？當妳想關心他時，他只是很客氣的回：「沒事，我自己會處理，謝謝妳的關心。」妳會覺得他人品高潔、不給人添麻煩，還是覺得你們的關係很生疏？

如果妳想送他東西，他也很禮貌的回應：「不用啦，我又沒做什麼。謝謝妳的好意，妳的心意我收到了，妳還是把這個東西留著自己用，或送給其它朋友吧！」妳會覺得他品德崇高，還是會因為對方連妳的禮物都不願收下而感到失落？

比起道德上的「應不應該」，我認為在關係裡，更重要的事情是雙方「快不快樂」。快樂的兩個人有更高的機率創造出快樂的關係，而建立在「應不應該」之上的關係，則更容易變得委屈、勉強、彼此配合。

在搞懂「男人喜歡什麼」之後，我們就要來看看：如何讓自己更快樂、更容易被取悅。

1-2

在別人愛妳前，妳也同樣愛著自己嗎？

在上一節，我們講到了男人喜歡快樂、可愛的女人。現在我們得來看看：如何讓自己變得快樂。

在開始前，我想先跟妳分享一個我在上課時遇到的奇妙情景：

我有一門叫《撩男術》的課，專門教女生吸引技巧，內容幾乎完全是應用方法和實際練習，沒有提到太多關於心態層面的問題。

但在最後一堂課的尾聲，我一定會問學生一個問題：「如果妳談戀愛是為了快樂，那麼現在的妳，快樂嗎？」

我的本意只是想提醒學生不要本末倒置，要知道自己的目標其實不是非得跟某個人交往不可。和喜歡的人交往只是讓自己快樂的一種途徑，而不是目標，我們的目標是讓自己的生活變得更快樂才對。

奇妙的是：每次我問完這個問題，都會有人哭，而且不只一個。

學生之所以會哭，是因為在我丟出這個問題前，她們往往沒有意識到，其實自己在當前的關係裡是很痛苦的。一心一意以為只要對方喜歡自己、只要關係順利，一切的問題和煩惱就解決了。

所以當對方做出好一點的回應，她們就感到很開心；當對方的回應不好，她們就很難受。她們以為這叫戀愛中的酸甜苦辣，但事實上，根據對方的回應與否而讓自己的情緒受到如此大幅的影響，並不叫快樂，只是不斷在吃感情止痛藥，好騙自己能繼續下去。

為了讓關係變好，她們越來越配合對方，把自己壓縮得越來越小，小到快要看不見自己的感受和需要，到最後連為什麼想跟對方交往，都快要不記得了。

只知道這樣就能讓自己不再痛了。

之所以分享這件事，是為了讓妳知道：要讓自己快樂起來，感受自己的感受有多重要。

我們都想要被愛，因此我們希望對方能用一些我們期待的方式，來照顧我們。例如關心、陪伴、分享生活、體驗人生、傾聽……等等。這些被對待的方式，就是人們汲汲營營追求一段關係的原因。

但在此之前，我們是否有這樣對待自己呢？我們是否有用希望別人對待自己的方式，來善待自己呢？我們是否有用自己期許別人重視我們的標準，來重視自己呢？

答案通常是沒有。而這就是我寫這本書的原因。

人們希望由別人來給予自己愛，卻沒有打開一條通道，讓愛能夠流過。而這條通道，就是人們對待自己的方式。

我們習慣討好別人、配合別人，來換取某些特定對象的友好或喜歡，因為我們以為，只要對方也喜歡自己，就必定會用自己想要的方法來對自己好、美好的未來也是指日可待。

如果事情真的是這樣，那麼這世界上根本就不會有情侶分手，也不會有夫妻離婚了。真正的現實是：**人們會用對方對待自身的方式，來衡量對待他的方法。**

人是靠著不斷觀察他人的反應，來修正人際關係的相處相式。如果對方有好的反應，我們就會再往這個方向前進，例如當妳丟出股票話題，妳喜歡的男生突然滔滔不絕的做起了市場分析，下次為了開話題，妳可能又會再跟他聊股票；相反的，如果妳試著跟喜歡的男生聊化妝品，對方顯得興趣缺缺，那麼下次妳可能就會盡量避開這個話題。

不僅是外在事物，當事人對待自身的方式，也同樣會在無意識中納入我們的考量，例如妳有個很重視健康，每天堅持要11點前上床睡覺的朋友，半夜有攤或有事，妳八成就不會叫上他，因為妳知道這對他來說很重要。

但如果這個朋友雖然嘴上說：「哎呀我要早睡，最近身體不太好。」但妳仍舊在每天晚上1點，還看到他的IG或臉書顯示上線中，妳也不會對於他說要早睡的事情太認真，半夜很閒還是會傳訊息找他聊天。

我們的確無法控制他人想用什麼方式對待我們，但我們對待自己的方式，絕對會成為別人的**參考值**。

舉例來說：有一次，一個朋友因為心情不好，傳了很多訊息給我。我因為擔心他，所以在忙碌之中仍然抽空關心。沒想到他說完以後就像沒事人一樣，也沒跟我說一聲，我感覺自己好像被當成心情垃圾桶。

隔天，我很鄭重的告訴他，我並不喜歡這樣，我覺得自己很不被重視。他連忙跟我道歉，表示不是故意的。從此，如果他心情不好，會直接告訴我他很難過。如果他好起來了，也會跟我說一聲，並謝謝我的關心。

我不在乎我表達自己的不滿，是否會讓自己排除於他的核心交友圈之外。如果要成為他的核心朋友，就必須忍受這樣的相處模式，那麼我寧願跟他當個普通朋友就好，就算我再怎麼沒朋友，也不想受到這種對待。還好，運氣很好，在這之後他一直都很尊重我的感受，我們一直保持很要好的關係。

能夠得到尊重，我認為是因為我足夠重視自己，所以我不願讓別人逾越了界線，以換取某些關係。

妳有沒有發現，那些會讓人覺得很公主、男生願意對她們很好的女生，不管實際上過得如何，至少表面上都對自己還不錯？而且她們對異性的態度，通常都不算非常好，至少比凡事配合的好女孩們差多了。

我現在不是要倡導「對男人差一點」的概念，我不可能要大家如此殘害我的同胞，而且這對於美好的平等關係並沒有幫助。我想說的是：這些女性之所以會得到比較好的對待，有很大一部分是因為：追求者參考了她們對待自身的方式，而選擇採用與她們相同的標準來與之相處。基本上，妳的自重程度，和他人對妳的尊重程度是會成正比的（如下頁圖）。

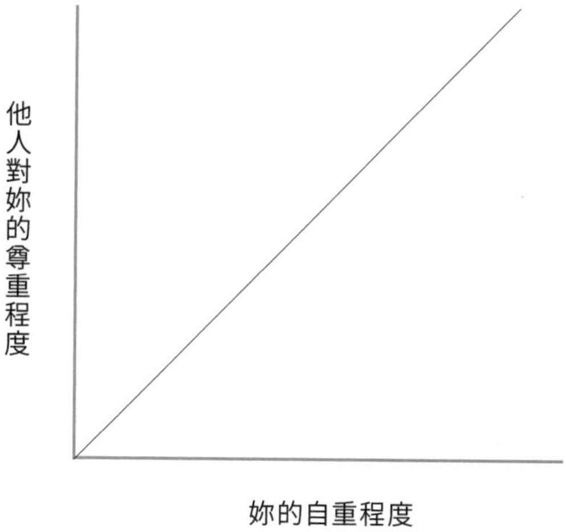
他人對妳的尊重程度
妳的自重程度

剛才所說的「至少表面上看起來對自己不錯」的女生也會來上我的課，她們對於自己的戀愛問題也很納悶：為什麼喜歡自己的都對自己很好，但自己喜歡的就對自己不怎麼樣？

這原因很簡單，因為她們對於喜歡自己的人，和自己喜歡的人，態度並不一致。面對喜歡自己的，姿態就擺得很高，所以追求者們就會以為她們對自己很好、很尊重自己，也用同樣的方法來對待她們；而面對自己喜歡的，配合度就變得很高，而她們喜歡的男人，就參考了她們的配合度，認為她們並沒有多尊重自己，所以也採取相同的模式與她們相處。

因此，並不是很跩的女生，就一定會得到好的待遇，而是看我們和其他人相處時，用什麼樣的態度對待自己，才是決定他人態度的關鍵。

了解自己的感受，像寬愛他人一樣愛自己

我國小的時候，班上有幾個同學很常被欺負。每次他們被欺負時，都會跟著欺負他們的人一起笑，當老師來制止時，欺負人的就會說：「他沒有說他不高興啊！你看！他也在笑！」這時候被欺負的人還是在傻笑，老師只能強硬的說：「欺負人就是不對！以後不可以再這樣了！」

當然，現在的我能夠理解，這些被欺負的同學之所以跟著笑，可能是為了避免遭到報復或更糟糕的對待，甚至有可能他們認為如果這麼做，就可以跟對方成為朋友。但當時的我無法了解，我以為他們也不在乎，所以我不知道該阻止這樣的行為。

不是每個人都會遇到霸凌事件，但沒遇到也不代表在人際關係或感情上就真的一路順遂。只要我們不尊重自己的感受，關係就會衍生出各式各樣的問題，雖然不是所有的問題都像霸凌這麼明顯，但絕對都不會讓當事人太好受。只要妳一天不正視自己的感受、一天不設法處理，類似的問題只會繼續換湯不換藥

的在生命中上演。

在現代社會裡，「忽視自己感受」的情況是很明顯的。許多人相信，感受只會造成自己不必要的負擔、阻礙自己達成目標。為了成功，人們往往選擇忽略自己當下的情緒。

或許忽視自己的感受，在短時間內的確可以幫助人集中精神完成目標，但日積月累的情緒並不會消失。在職涯上，它會讓人們越來越厭惡自己的工作；在人際關係上，它會讓人們越來越不想和他人接觸；在感情裡，它會讓人們變得越來越常在卑微和爆發兩個極端擺盪；在家庭裡，則會讓人們更容易產生非必要、而且不理性的衝突。

對我來說，重視自己的感受，就是愛自己的表現。「愛自己」並不是一個沒有意義的口號，而是一個實際改變自我關係、人我關係的作法。當我們能夠重視自己、善待自己，別人也會知道該用同樣的標準來對待妳，而這正是讓我們快樂起來的方法。

我認為習慣委屈自己、配合他人的人，應該先學會的事情是「愛己如人」——用對待他人的寬宏大量來面對自己，用陪伴他人的溫柔來陪伴自己，用傾聽他人的耐心來感受自己，這是我們首先要做到的。

唯有感受自己的情緒、重視自己的需要，才有可能滿足它，也才有可能快樂起來。否則連妳都不知道自己想要什麼了，男人又要怎麼取悅妳呢？

了解自己的需要，並且向男人提出（作法請見後面章節），是增加桃花運、讓感情升溫，最快的方法之一。千萬不要浪費時間，指望男人會自己找出妳想要什麼。妳喜歡的人沒有讀心術，如果關係不夠好，對方甚至連猜都不想猜，只會覺得妳很煩人。

取悅自己、找出「妳想要什麼」，並不是對方的任務，而是妳的，因為快樂也是妳的。對方唯一能做的，只有在妳提出自己的需要後，決定是否要滿足妳。

1-3

愛不只是知道，還要能夠感受到

學會「愛自己」是件很重要的事，它能讓我們變得更有安全感、更自信、生活滿意度提升，不過，我們的目標並不是打算就停在這裡，而是讓我們與他人的關係能夠更好、創建一段理想中的親密關係。

在第一篇〈妳認為的好，對男人來說可能並不好〉裡，我們說明了男人實際上在尋找的關係。這是對外的理解；在第二篇〈在別人愛妳前，妳也同樣愛著自己嗎？〉中，我們了解了必須愛己如人、好好的對待自己，才能讓他人也

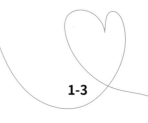

同等的愛惜我們，這是對內的標準。

在我們對外、對內都有了新概念後，就要來看看「雙方互動的結果」。

我認為，**「被愛」的核心，就是接受**。同時，接受也是最大程度的「愛」。

不管我們腦子知不知道別人是愛我們的，只要沒有具體收下他人的好意，愛就無法實際流通。

說個小故事：

我媽很愛我，我從小就能從她為我們犧牲與付出的一切看出來。

小時候，我就不喜歡給她添麻煩，我認為她已經夠忙夠累了，我希望事情都能盡量自己解決。長大後，我覺得她辛苦了這麼久，好不容易挨到我們長大，是換我們孝順她的時候了。所以有好幾年的時間裡，我認為自己不該收她的東西，不管是回家吃飯、生日禮物，或是過年的紅包，我都覺得這不是我一個成年人該拿的。

這種「正直負責的成年人作法」帶給我的，就是我的大腦知道我媽很愛我，但實際上，我並沒有溫暖的感覺。

幾年前，我的老師說我是個缺愛的孩子，叫我回家跟媽媽討愛。我聽了覺得很納悶：「我知道我媽很愛我啊！」但我還是照著老師的話，回家吃飯。

那次回家吃飯，我不只主動點了自己想吃的東西，還要我媽剝蝦給我吃。不只在那裡白吃白喝一頓，還帶了食物回家。

很神奇的，這是我第一次很實際的感覺到，什麼叫作「被愛」。原來被愛是一種心裡會有暖流流過的感受，好像整個人都被暖氣團包裹住。什麼都不用做、什麼話也不用說，只是靜靜的看著眼前的人為了照顧你、擔心你沒吃飽而忙東忙西，看到你快樂，他們也露出燦爛的笑容。

那年我27歲，那是我27年來，第一次感覺到什麼叫作「家」，什麼叫作「愛」。

「被愛」就是這麼一回事：收下別人的好意，感覺別人對自己的關心和照顧，感受到「愛」透過具體的行為、物品傳送了過來，滋養了我們的生命。

如果沒有實際收下，不管知道對方再怎麼有心，體驗都是完全不同的。

我媽就是個很好的例子。在我開始工作後，時不時就會想買些東西給我媽，讓她的生活可以更舒服一點，但她卻從來不收。每次她都說：「媽媽收到你的心意了，謝謝你，你錢留著自己用。」

雖然她總說自己收到心意了、覺得很感動，但當她心情惡劣、覺得寂寞的時候，卻又總會說我們不愛她、不關心她。這說法實在讓我很難過，也感到很委屈。

正因為我媽不收，所以她跟我一樣，都只是理性上知道孩子很愛自己，但沒有實際體驗到被我們愛著的感受。

「收下」不僅意味著你允許對方傳達好意，也代表了我們同意讓自己可以被愛。這就是具體讓愛流通的渠道。

被愛並不如我們所想的這麼虛無飄渺，而是有實際作法可以練習的。而我覺得最快最實際的方法，就是「收爆」——對於別人的好意，一律收下，收到爆。

別人要請妳喝飲料？喝！別人要請妳吃飯？吃！別人要送妳禮物？收！別人要幫妳的忙？好！別人要稱讚妳？爽！收到爆，就對了。

或許是從小傳統教育養成的關係，我們不習慣接受別人的好意、不習慣被別人讚美，因為教育告訴我們要謙卑、虛懷若谷、無功不受祿、兩袖清風、一生清廉。身為好孩子的我們，也真的照做了。

但跳過「好好收下」，直接達到這些高道德標準的下場，卻是感受不到愛的溫暖和喜悅。而且因為長期不收下他人的好意，久而久之，反而令我們產生了「我沒有資格收」的錯覺。

當我們誤以為接受別人的好意需要符合某種資格，就會回到前文講的「提升人類能力」的無限迴圈，拚命想讓自己成為更好的人，設法讓自己滿足被愛的條件。

但我要告訴妳：被愛是不需要任何資格的，被愛只是一種選擇——選擇要不要收下別人的好意、選擇要不要看到別人的關心、選擇要不要重視自己的情緒。

當我們大量接收他人的好意之後，在體驗上就會產生轉變，我們會真的感覺到自己是可以被愛的、別人是真的對自己好的。而不是一直祈求著不知到底長什麼樣的幻想之愛降臨到自己身上。

愛無所不在，只要妳願意看到並接受它

講個神奇的例子：

我有個學生很重視公平，基本上她不會收下她認為不屬於自己的東西。不僅面對異性是如此，連面對父母都是同一套標準。

一直以來，她都覺得家裡很重男輕女，父母對哥哥比對自己好得多。就算她在各方面的成績都優於哥哥，也似乎沒有得到父母的認同，因此她一直沒什麼自信。

每次她和哥哥回家，爸媽總是會準備食物要讓她們兄妹倆帶走。有次她告訴我，她覺得父母都很偏心哥哥：「如果有什麼我哥比較喜歡的食物，我爸媽就會給他比較多。他們會說：『因為妳哥哥喜歡吃這個啊！』」

我好奇的問：「那如果是妳喜歡吃的呢？他們不會給妳比較多嗎？」

「會，但我不會收，因為我覺得這樣不公平。」她義正嚴詞的說。

「啊！問題就出在這啦！妳看妳爸媽其實很公平啊，你們倆個愛吃的他們

都會給，可是妳哥收了，但妳不收啊！所以妳當然會覺得妳爸媽偏心。妳下次回家，他們要給妳什麼妳就全收，全部拿走！」

之後她聽話照做，回家把爸媽的好意收爆。在她收爆爸媽的好意之後的一個月，奇妙的事情發生了：她變得比以前有安全感，面對別人的好意也更坦然。最重要的是，她開始感覺到，自己是值得得到自己想要的對待的。

以前如果同事稱讚她漂亮，她總會認為：「我真的還好，比我漂亮的人多的是。」所以都跟同事說：「哪有，那個XXX才叫漂亮，我很普通。」

但現在的她會說：「真的嗎？好高興喔！明天請繼續保持稱讚我的好習慣。」她開始意識到，即使自己不是最漂亮的、比自己漂亮的大有人在，也無所謂，她還是可以收下別人的讚美。

與此同時，她喜歡很久很久的男生問她要不要交往。以前的她不是開心得要死，就是很哀怨的覺得以前相處上的問題還是沒辦法解決。但現在的她會直接告訴對方：「我也很喜歡你啊！但如果你沒辦法給我我想要的對待，那我們真的沒辦法在一起。」

愛是不分對象的，沒有什麼叫作喜歡的人給的愛才叫真愛，別人給的就不是愛。愛就是愛，跟錢一樣，收到了才會有效果，來自哪裡，根本不重要，就像妳不會認為中樂透得到的錢就不是錢一樣。

當然，不是每個帶著好意的行為，都是我們能接受的，有些人表達善意的方式教人不敢恭維。但這種時候，我們要做的並不是拒絕對方，而是告訴他：我想要什麼。

還記得前面說到「如果好意被拒絕，我們會感覺是自己整個人被拒絕」嗎？通常會讓我們想拒絕的，都不是對方整個人，而是某些我們感到不適、害怕、不自在的部分。所以我們還是可以收下別人的好意，只是請他用別的我們可以接受的方式表達。

而要做到這點，就得仰賴你能夠「重視自己的感受和需要」。唯有發現自己喜歡什麼、不喜歡什麼，想要怎麼樣的對待、不想要怎麼樣的對待，才能夠清楚的讓別人知道：「我不是討厭你，而是我不喜歡這樣的表達方式。如果你換個方法，我們可以相處得更好。」

只要妳能忠於自己的感受和需要，那麼就不只能對不喜歡的人開口表達，也能清楚的向心儀對象說明：「我很喜歡你，但我真的不喜歡你現在對待我的方式。」

用自己喜歡的的方式接受別人的好意，絕對是讓妳體驗被愛最快、效果最佳的方法。

Chapter

2

妳最該取悅的，是妳自己

——讓男人渴望住進心裡的女人

LOVE LOVE LOVE

2-1

能掌握自己的情緒（讓男人處理妳的情緒，只會讓他們想打退堂鼓）

我在第一本《愛情，不只順其自然》說過：「男人很怕無法為自己情緒負責的女人，因為我們不擅長處理情緒。」偏偏對許多女性來說，「找個人來處理自己的情緒」，根本就是交男朋友的主因。

這是個矛盾大對決：男女在親密關係裡，極度想迴避的與極度想依賴的是同一件事。當「我想避開的東西」和「妳想丟給我的東西」相同時，兩個人要怎麼達成共識呢？

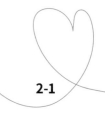

男人很常說想要找個「獨立」的女生，但當男人說出「獨立」這個字的時候，指的通常不是要妳所有事都自己來，而是能區分出什麼是自己的事。而**對多數男人來說，最需要女性獨立的，其實就是情緒。**

我看過許多女性會在交往時，跟男友說：「我現在心情不好，難道你什麼都不用做嗎？」「你沒看到我在生氣嗎？就不會過來哄我嗎？」「如果你連安慰我都做不到，我要你這個男朋友幹嘛？」

每次我聽到這類的對話，都感到很疲憊。這些話其實都在暗示著：「處理我的情緒是你的義務，如果你沒做到，就是失格。」

妳可能會納悶：「這樣想有什麼不對嗎？大家不都是這樣嗎？如果男朋友沒有這種讓人依靠的功能，到底為什麼我們要花費時間去交男朋友呢？」

是的，「男人要處理女人的情緒」在我們的社會是很普遍的情況，但它只是一種約定俗成的信仰，並不代表它就是正確的。

如果我把這類約定俗成的信仰，轉換一下性別，套入上面的句型，就會變成——男人說：「我現在心情不好，妳就不能乖乖閉嘴嗎？女人懂什麼？」「妳沒看到我在生氣嗎？啊是不會去做家事帶小孩嗎？」「如果妳連上床都不願意，那我交妳這女朋友幹嘛？」

這樣的句子，妳看了想必覺得不太舒服吧？這些概念在幾十年前，都還是很普遍的社會觀念，但我想現代沒有任何一個女性會認為這是正確的。同理，「男人要處理女人的情緒」也不是正確的，因為情緒是個人的責任，我們不能將自己的責任轉嫁到他人身上。

那為什麼我們會產生「情緒得由別人照顧」的想法呢？這並不是因為我們很糟、不願意負責（相反的，很多會看這本書的讀者，都可能有承擔過多責任的情況），而是我們其實根本不知道，原來這是自己的責任。

一直以來，我們對於「情緒」的認知都是：某人做了某事，導致我產生某種感受，所以這個人應該要為自己做的事情負起責任，如果他沒有這麼做，我就不會生氣／難過／受傷／沮喪／崩潰／嫉妒／恐懼了。既然事情是他造成的，那麼他就應該要道歉／安撫／受到懲罰／贖罪／補償。

而這種對於情緒的錯誤認知，會讓關係產生三種現象：一，如果那個做錯事或說錯話的人是妳的伴侶，那麼妳很有可能在他補償妳之前，對著他窮追猛打，但對方可能並不覺得自己有做錯什麼；二，如果導致妳產生負面情緒的人，是妳無法發作的對象，那麼妳可能會想要找其他人當垃圾桶，這個人可能是妳的朋友或情人。久而久之，對方就會認為妳是個愛抱怨的人；三，妳在任何關係裡其實都難以獲得長期的平靜和安全感，因為妳根本無法預料哪一天、哪個人又會做出什麼事來破壞妳的生活。妳的人生永遠只能受制於人，因為妳的心情好壞，完全看別人是否刺激妳，以及當天的運氣而定。

而上述三件事，都會讓妳成為一個「情緒化的女人」——這剛好和男人追求的「可愛」女人完全相反。

之所以要說這些，並不是要妳討好男性，相反的，這是為了讓妳懂得如何善待自己，並且用平等的方式和男性相處。

首先，我相信沒有任何一個人想被別人貼上「情緒化」的標籤，也沒有任何人喜歡自己的情緒是失控的，我們都希望能好好表達自己的感受和情緒，而不是不理性的尖叫、咆哮、歇斯底里。再者，我相信也沒有人喜歡自己與他人的對話，總是充斥著抱怨，好像沒有人聽自己抱怨，日子就會過不下去一樣。最後，我相信每個人都希望能好好掌握自己的人生，由自己去決定每一天要不要快樂，而非每天都忐忑不安、希望不要發生壞事。

而「為自己的情緒負責」以及「正確理解情緒的產生」，都有助於我們更好的掌握自己的情緒，並且更完整清楚的向他人表達。當妳真正理解情緒的由來後，不僅會離「情緒化」這三個字越來越遙遠，同時，妳也能更容易釐清自己的感受，讓自己平靜下來。

只要能做到這幾件事，妳就能成為一個更成熟，並且在愛裡更自在的女人。

為了達成這個目標，接下來，我們會花一點時間來看：情緒真正產生的原因是什麼。

讓我們來看看下面這張圖：

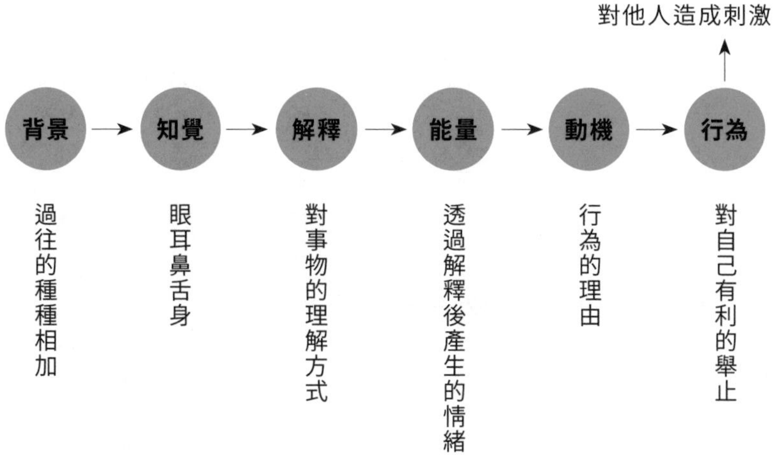
對他人造成刺激
背景
知覺
解釋
能量
動機
行為
過往的種種相加
眼耳鼻舌身
對事物的理解方式
透過解釋後產生的情緒
行為的理由
對自己有利的舉止

所謂的背景，就是人一生所經歷的總合。發生過的事情、有過的體驗、受過的教育、聽過的資訊，都會被累積起來，逐漸構成一個人的價值觀。

正因為世界上沒有人遭遇過完全一模一樣的人生，所以我們的價值都會多少有所差異。這也是為什麼妳會看不懂有些朋友、有些男生，怎麼會想做出一些奇葩決定的原因——妳沒有經歷過他們的人生，所以妳無法理解，或許對他們來說，這是非常合理的決定。

比方說，現在很多人都不太重視傳統禮俗。辦婚禮太貴了，登記就好；過年是難得的長假，可以出國玩，沒必要回家拜拜；端午節吃粽子就好，掛什麼艾草……等等，然後就被長輩碎念。

其實不是長輩食古不化，只是在他們的經驗裡，這些事情都很重要——嫁娶是隆重的事，不管寬不寬裕，一定要好好的辦一場婚禮；過年是難得團聚的時光，家族要好好聚一聚；艾草是避瘴驅邪的東西，能保身體安康。

背景的不同，造就了我們對事物有不同的理解，導致有許多在我們看來完全不合理、想破頭也想不明白的事，不斷在生活中發生。這不代表有人是笨蛋或瘋子，只是他們的經歷和養成跟妳不同。

「沒有人是笨蛋或瘋子」這一點，在感情維繫中至關重要。感情裡很多的爭執，都來自於觀念的不同。如果我們無法理解，對方只是因為經歷了和我們不同的人生，而武斷的認為他的想法是錯誤的、愚蠢的、荒唐的，就很容易批評對方的想法。

如果我們無法體會到：「就只是我們經歷的不同」，而硬要把不同的觀念套入對錯的框架之中，不僅無法讓溝通變得更順利，反而會讓雙方的距離變得更大、降低彼此的溝通意願。

• 知覺

所謂的「知覺」，其實就是五感所受到的「刺激」——我看到了什麼、聽到了什麼、聞到了什麼、嚐到了什麼、碰到了什麼。

在這個階段，所有的事物都是中性的：比方說，聽到了男友說要跟異性朋友單獨出去，就只是聽到了這句話，沒有任何意義；看到男友沒有將交往資訊發佈在他的臉書和IG上，就只是看到了這個現象，沒有任何意義；情人節要到了，就只是情人節要到了，沒有任何意義。

只要我們不對刺激做出任何解釋，它就只是很單純的一句話、一個畫面、一個現象、一件事，不具任何意義。

●解釋

因為每個人有著不同的背景，所以同樣的事情，在不同人身上就有可能產出不同的解釋——有些人認為男友單獨和異性出去，是件很糟的事，不懂得避嫌，甚至可能有心出軌。但有些人只認為那是單純朋友的聚會，沒什麼大不了；有些人認為，如果對方在交往後，沒有在臉書和IG上向朋友們公開自己目前的交往對象是誰，就是還想騎驢找馬，或是根本不夠重視自己。但有些人會認為這是每個人對於隱私的重視程度不同而已；有些人認為節日就是要隆重慶祝才有儀式感、才是被重視。但有些人認為節日只是商人的把戲，不用特別在某一天去跟大家搶餐廳、被商人海嘯一筆。

所以妳會發現，當妳拿一件妳很生氣的事情去問朋友的看法時，有些人會跟妳一樣生氣、有些人會覺得妳想太多、有些人會認為妳小題大作、有些人則會完全搞不懂妳生氣的點是什麼。這都只是因為每個人對於事物的理解、思考的角度不同，才產生了全然迴異的看法。

●情緒

當我們對刺激做出解釋後，「情緒」才會產生。例如妳將「男友單獨和異性出去」的事件，解讀為「男友可能想要出軌」時，妳就會產生憤怒、受傷、被背叛、恐懼……等等的情緒。但如果這件事對妳來說，就只是男友和朋友的聚會，那麼妳幾乎不會產生什麼感受。

單純受到刺激，人是不會有反應的，只有在經過經驗連結和解讀之後，情緒才會產生。

這就好像我們在失戀時，聽到以前沒特別感觸的情歌，因為歌詞實在太符合現在自己的心境，所以大哭了一場，並把這首歌加到最愛歌單裡；或是以前對於雙子座的男生沒太多想法，但交往過一個劈腿雙子前男友後，就對雙子男感到深惡痛絕……等等。那首歌、雙子男其實都沒有變過，但妳可能因為自己經歷過的事，所以對它們的看法改變了，連帶的，妳的情緒也改變了。

●動機與行為

在情緒產生後，我們會開始思考要採取什麼樣的行動。這些行動必定是能滿足我們某種需要的行為，但當下我們不見得能夠明確意識到。而所謂的「動機」，指的就是我們為了滿足需要所產生的思考路徑，「行動」則是滿足需要的方法。

「動機」可以再細分為「過去因」和「未來因」這兩種。「過去因」是我們的經驗法則，也就是背景；「未來因」則是我們希望達到的目標。（見下圖）

過去因：
以前的經驗

動機 ＝ ＋

未來因：
想要的結果

例：以前心情不好的時候，只要朋友聽妳吐吐苦水、安慰妳一下，心情就會好一點，所以為了讓心情變好，就去找朋友抱怨了。

我在諮詢的時候，不論當事人是為了挽回、追求、關係維持、斷小三……還是任何理由而來，幾乎所有人都會問我一個問題：「他／她在想什麼？」

人們對於他人的行動都很不解：「如果他真的有這麼喜歡我，為什麼又要離開？」「如果他沒那麼喜歡我，為什麼不直接講？」「他如果真的懶得理我，為什麼不乾脆不要回訊息，還要給我希望？」

如果妳想了解別人為什麼採取某個行動，那麼「過去因」跟「未來因」的觀念，絕對能幫上忙。

我們來看看下面的表格：

過去因	未來因	行動
	維持關係	積極溝通
	維持關係	迴避溝通、避免衝突
	維持關係	放著，等待問題自行消失
	維持關係	跟朋友抱怨

從上表中可以看出來，即使目標同樣是「維持關係」，但卻有各種不同的作法行動，這也是大家最不解的地方：「為什麼事情明明就是可以溝通的，但他就拒絕溝通？」

要知道相對完整的原因，我們就必須補上過去因：

過去因	未來因	行動
家庭溝通良好	維持關係	積極溝通
父母習慣冷戰	維持關係	迴避溝通、避免衝突
父母外遇不溝通	維持關係	放著，等待問題自行消失
父母都跟朋友或小孩抱怨	維持關係	跟朋友抱怨

一旦加上了過去因，事情就變得容易理解了。我們不難發現，很多時候我們在面對問題時，處理的參考樣本就是自己的爸媽。

當然，家庭不會是一個人的全部，因為過去因也有可能長這樣：

過去因	未來因	行動
和妳的溝通良好，每次都能找出結論和改善方法	維持關係	積極溝通
和妳的溝通時的經驗很糟，而且必須安撫妳的情緒	維持關係	迴避溝通、避免衝突
妳看起來沒事，而且也想裝沒事	維持關係	放著，等待問題自行消失
身邊的朋友都這麼做	維持關係	跟朋友抱怨

所以並不是發生什麼事，都是對方或他爸媽的錯，伴侶也是一個很重要的部分。

從前面的表格，我們可以清楚看出，每個動機都是過去因和未來因的結合。再重申一次：每個人都不是瘋子。除此之外，每個人也都不是惡人。只是在越極端的情況下，人們越難靈活運用腦袋去思考該如何創造雙贏——人們會基於過去的經驗法則（過去因），篩選出能滿足自己需要（未來因）的作法。一般情況下，人們會盡量找出不傷害他人、正當、合理的方式，但在緊迫或情緒高漲的情況下，我們實在沒那個腦袋。

在我們為了滿足自己的需要而採取行動後，這些行動又會變成他人的刺激，而對方也會跑一遍同樣的流程，最後採取能夠滿足自身需要的行動。所謂的「相處」，從比較理性的角度來說，就是不斷的重複這個互相刺激的流程。

我舉個簡單的例子，幫大家把上述一連串的解釋串起來：A女看到男友和別的女生聊天，便在IG限時動態發佈「避嫌很難？」的貼文。

A女的「背景」（也就是累積的觀念）是：男女交往後，就應該迴避任何與異性的相處；A女受到的刺激，也就是她的「知覺」是：看到男友和其他女生聊天。僅僅只是看到聊天，並不構成A女上IG發文的理由，之所以會發文，是因為A女對於「男友和異性聊天」做出了：背叛、居心叵測、不重視自己、沒替自己著想、男人就是爛的「解釋」，所以A女產生了憤怒、傷心、痛苦、恐懼的情緒。為了滿足自己「平撫情緒」的需要（動機），A女選擇上IG發文，除了抒發憤怒之情外，同時也希望朋友們可以來關心安慰自己。

情緒完全是由自己產生的

那麼「情緒的由來」跟「對責任的認知」，確切來說又有什麼關係呢？

因為有問題的並不是情緒本身，而是我們對情緒的看法——只要我們無法認知到，自己的情緒不是由他人創造的，而是基於自身對於刺激做出的解釋，就會不斷的要求他人為自己的痛苦負起責任。

在不了解情緒的生成前，我們對於事情的看法會是——老闆很兇，害我今天心情很差；同事很雷，搞得我很煩；男朋友不關心我，讓我覺得孤單寂寞。但如果我們將情緒的生成，用剛才的流程仔細拆解，就會發現：所有的情緒，都是因為當事人做了某種解釋才產生的。

人們很常在感到受傷、憤怒的時候，指責對方：「如果不是你XXX，我會這麼生氣嗎？」「你剛才那句話，不就是在怪我嗎？」「如果你沒有XXX，我現在會這樣嗎？」這些都在表示：你應該要為我的情緒負責。事實上我們之所以會有這些感受，並不是因為對方的言行舉止，而是我們對於這些行為和話語的解讀。所以同樣的事情發生在不同人、不同情境上，不見得會有同樣的感受。

某次上課，我向學生解釋「情緒是自己的責任，他人只能創造刺激，無法讓我們產生情緒」時，學生提了一個問題：「可是每個人被劈腿、出軌，不是都會覺得很難過或傷心嗎？」

我說：「的確，大部分的時候，我們對於這種情況的解讀，都會導致我們產生傷心難過的感覺。但像我有一任女朋友非常恐怖，我很想跟她分手，卻又分不掉，所以最後她劈腿的時候，我非但沒有覺得綠光罩頂，反而還感謝上蒼的保佑，讓我省去很多麻煩。」

雖然多數情況下，親密關係的結束會讓人感到難過，但在我對對方的解讀是「分不掉，好恐怖」，而我又很想要擁有自由的情況下，這段關係的結束不僅不會使我悲傷，反而讓我雀躍不已。

再說個學生的有趣例子：

某天，一個學生跟我說，她在交友軟體上認識一個男生，兩個人約去山上看夜景。在車上，對方突然說：「等下要不要去開房間？」她當下有點錯愕，於是回對方：「可是我今天不太方便。」

我問她：「那他說這句話的時候，妳有什麼感覺？」

大部分的女生面對剛認識不久的異性提出這種露骨的邀約，可能都會覺得噁心或不被尊重，但這學生卻說：「我還蠻開心的，因為我覺得他有把我當女生。」

情緒永遠會因為我們當下的解讀和需要而有所不同，刺激與情緒之間的關聯並不是絕對的。對這名學生來說，對方想跟她上床，表示有把她當成一個對象、一個女人，她將這句話解讀為：「我是有魅力的」，所以產生了開心的情緒。因此即使是個多數女性會憤怒的情境，對她來說卻是種女性價值的證明。

到這裡，「不同人對於相同刺激，可能會產生不同反應」這點大家應該已經充分了解。但我們可能會產生另一個疑問：「但同一個人面對固定刺激，應該就是會產生固定情緒才對吧？畢竟價值觀是不會輕易變動的。」

是的，人的觀點的確不會輕易改變。不過還有另一個影響情緒的要素，就是「需要」。

舉個例子，假設妳和約會對象約好晚上7點半一起吃晚餐，剛好妳今天生理期來，身體不太舒服，而餐廳又要求必須全員到齊才能入座，外面的天氣熱得要死，候位區又坐滿了人，妳想歇腳吹個冷氣都沒辦法。此時，對方突然傳訊息跟妳說：「抱歉，公司臨時有個會議，可能會遲到半小時」，那麼妳的心情會如何呢？

或許妳會因為身體的不適感到焦躁，或是認為對方不尊重妳的時間，或約定好的行程被更動而感到憤怒，總之，在這個情況下，妳的心情可能不會太好。

但如果是另一種情況：妳一樣和約會對象約好晚上7點半一起吃晚餐，但妳今天心情很好，候位區的位置還有空位，妳可以好整以暇的坐著吹冷氣。而且因為出門比較匆忙，妝有點掉了，妳對於不太完美的妝容有些在意。此時，對方突然傳訊息跟妳說：「抱歉，公司臨時有個會議，可能會遲到半小時」，那麼妳的心情又會是如何呢？

妳可能會因為多了半小時，剛好可以從容補妝而鬆一口氣；也可能因為有冷氣吹，反正可以滑滑手機，而覺得無所謂。總之在這個情境下，妳多半不會產生太負面的情緒，甚至能體諒對方工作的忙碌。

在這個例子裡，我們可以看出：即使當事人遇到了完全一樣的事，也會因為當下的需要不同，產生不同的情緒。

這就表示了：情緒完全是因為當下的解讀及需要所產生的，並非是由刺激所創造出來的。所以沒有人能「讓別人」產生感受，人們能做到的，最多就是創造刺激。

「情緒」本身，並不是創造刺激的人所創造的，而是經由當事人自行消化過後所產生的。既然如此，那麼就不存在「讓我」／「害我」／「使我」／「令我」產生情緒的人，我們的情緒，將只會和自己有關。

這個概念，就是「為自己的情緒負責」。

「負責」並非要妳因為自己有負面情緒而自責，「負責」跟「受責」是不同的。「受責」指的是受到懲罰，「負責」只是知道這是自己的產物，如果不想要這樣的結果，就得去想想辦法。

但我們以前都搞錯了，不只搞錯責任歸屬，還認為應該要有人受罰，所以**我們會在關係裡，不斷尋找戰犯，並要戰犯做出補償。**例如對方約會遲到二十分鐘，妳接下來的三十分鐘就一直擺臭臉，認為對方應該要為「遲到很久，害妳很生氣」這件事負責，必須哄到妳開心為止；或是男朋友忘記交往紀念日，妳就哭哭啼啼，覺得對方根本不愛妳、不重視這段關係，直到對方想盡辦法補償妳，才會破涕為笑。

如果我們沒有搞清楚所有的情緒都只是自己的解讀，他人充其量只能提供刺激，那麼我們永遠都會要別人扛起自己的情緒責任，也會不斷為別人的情緒負起責任（這就是為什麼情緒勒索會奏效的原因）。

而要能做到掌握情緒、成為成熟又自在的女性，我認為有三個步驟：感受、辨識、釐清。

●感受

感覺自己當下的感覺，先簡單區分舒服、不舒服。即使當下的情緒不明顯，或看似沒有合理的原因，也要先去感受。

●辨識

試著辨識自己的感受是什麼樣的感覺，是委屈／難過／沮喪／挫折／憤怒／心酸／無力／無奈／無助／恐懼／擔憂／迷惘／困惑／徬徨／惆悵？或許同時有多種情緒，那也無所謂，試著將情緒區分清楚，這會有助於妳了解自己，也能協助別人更了解妳的狀況。

●釐清

在分出情緒之後，找找自己對什麼刺激做出了什麼解釋、自己是如何看待某件事情，或是某句話，藉此找出情緒的來源。

做完這三個步驟之後，我們首先可以先向刺激來源確認自己的解讀。例如對方說了某句話，妳認為對方是在攻擊妳，妳可以直接向對方確認：「剛才你說『妳為什麼每次都要做這種蠢事』，我的理解是你認為我很笨，是這樣嗎？」

好，我知道雙方溝通的當下，基本上不太可能出現這種對話，讓我們再更口語化的說一次吧：「剛才我聽到你說『這件事很糟』，是認為我把事情搞砸了，是嗎？」

人與人之間有太多的誤會，來自於我們對同一個詞彙存在著不同的理解，偏偏我們總是以為別人的理解和自己相同，以致於我們根本不會想到要花時間去確認雙方的理解是否有出入，所以光是做出「確認」這個動作，就可以大幅降低不必要的誤會所造成的關係傷害。

我相信多數時候，我們都能稍微保持理性的去找出自己產生感受的原因。但有一種解讀，會讓我們直接進入防衛狀態，並且保持敵意——當我們認為對方的行動是出於惡意。

當妳心裡想著：他說這句話一定是想要戳我傷疤、他說謊一定是因為心懷不軌、他心不在焉一定是因為不在乎我……等等，這些認定對方懷抱著惡意的解讀，會激起我們憤怒的情緒，並且讓自己的視野變得狹窄，開始進入零和遊戲的思考模式。

但心存惡意的情況其實並不多見，因為精心安排的惡意需要聰明的腦袋，以及複雜的程序。比起這麼困難的工程，我認為更常見的情況其實是「人們常常是愚蠢與無能的」。

先來說個愚蠢的例子：

我的合夥人DANA，是個在思考上很聰明，但行事很單純的人，她不太會聯想事物的關聯性，有時候她會忘記某個人不知道某件事，一個不小心就說出口了。

例如有次她在A面前說出我沒有想讓A知道的事。當下，所有知情的人都沉默不語，然後我就開了另一個話題。而她則是一直到晚上洗澡的時候，才想到：「啊！A也在現場耶！我是不是說錯話了？」然後下一秒又想：「算了，我都講了，不然能怎樣。」

對於這件事，我完全沒有生氣，因為類似的事情還有很多，例如有一次我們說好晚上九點半要一起去倒垃圾，她知道自己九點有個諮詢，但完全沒想到這兩件事會有所衝突，所以最後我自己去倒垃圾。我知道她就只是很單純，並不是蓄意要搞我，所以每當有這種事發生，我都只是覺得很好笑而已。

但如果我沒想到她就只是沒想那麼多，認為她就是故意要讓我難做人，或就是故意不想去倒垃圾呢？那我不是在心裡暗自不爽，就是直接跟她吵架，而且還不會相信她的解釋，因為我會認為她只是在為自己的惡意找藉口。

這種忽略「愚蠢的可能」所造成的傷害，在工作、家庭、人際關係裡都會出現，在感情裡更是常見。因為在親密關係裡，懷抱著惡意的可能性通常很低，**幾乎大部分的錯事都來自於愚蠢**。

我曾經為了準備情人節驚喜，在情人節當天完全沒給出任何解釋，就一直在外奔走。我當時的女朋友對此很不滿，也很害怕，擔心我是外面還有別的女人，所以要趕攤。因此當我帶著禮物回來的時候，她大哭了一場，我也嚇壞了，不懂為什麼這麼認真準備的我會讓對方不開心。

除了愚蠢外，我們也常忘了「無能」的可能性，我們太容易以為愛能讓人無所不能了，導致當他人因為無能而做出不符合我們期待的行為時，我們就會將這些行為和「他不愛我」扯上邊。

關係中有許多大大小小的衝突，都來自於我們忘了對方**不是因為惡意，只是無能**——女生抱怨男朋友都不會安慰自己，是忽略了男人對於安慰的無能；上司對下屬搞砸事情感到生氣，是忽略了下屬執行力或自己表達力的無能；孩子長大後抱怨小時候受到的教育方式，是忽略了父母對於表達愛和管教的無能……，甚至連劈腿，也是當事人對於處理關係的無能。

無能不是什麼丟臉的事，就只是能力不及。當人們不具備足夠的能力讓事情變成雙贏，就會優先滿足自己的需要，這是很正常的事，跟自不自私或愛不愛一點關係都沒有。

在感情裡，無論是因為忽略了對方的愚蠢還是無能所引起的憤怒，多半都是因為我們做了過多的解讀所導致，例如：

「他不夠愛我，所以我講過很多次的事他也會忘記」——可能只是因為對方記性不好，或沒有意識到這件事對妳的重要性而已。

「他如果夠在乎我，就不會做出這種讓我難過的事」——對方可能根本不知道妳會難過，或他就沒能力創造雙贏。

「如果他夠關心我，怎麼會不知道我在想什麼」——沒有人是別人肚子裡的蛔蟲，要求別人有讀心術真的是太強人所難。

那會不會有時候，對方真的是懷抱著惡意呢？會，當然會，但這種情況比「對方只是很蠢」少太多了。如果我們要為了防堵這麼小的機率，而先把所有情境都設想得很糟，這種「寧可錯殺一百，不可放過一人」的態度，只會讓我們在揪出那個壞蛋前，先把所有正常的關係都破壞掉。

只要我們能把事情一碼歸一碼、釐清情緒的由來只是因為自己當下的需要和解讀，與他人並沒有完全的相關，就能讓自己的情緒越來越穩定。一旦情緒變得穩定，別人就不會再將妳視為一個情緒化的女人、不定時炸彈，或者是麻煩。這樣處理情緒的方式，不會像壓抑情緒一般產生負作用，才能讓我們變得更快樂，進而讓他人和我們相處時感到輕鬆自在。

2-2

在愛情裡，提得起就要能放得下（能把自己照顧好的快樂女人讓人安心）

我看過許多男女，因為執著於某個特定對象而痛苦不已。

不管這些對象是曖昧不明的、單戀未果的、告白被拒的、喜歡好幾年的、已經分手的、還沒分手的、對方有老婆的、對方外遇出軌的……，這些來諮詢的人們都會反覆的告訴我，對方有多糟糕、有哪些條件並不符合自己的理想，但不知道為什麼，心裡就是放不下這個人，即使知道對方有各種缺點、並不適合自己，卻還是想得到對方、希望對方能回過頭來喜歡自己。

不管和對方在一起是開心還是痛苦，就是無法控制自己放下這個人，也無法抬起頭去看看花花世界裡的其他對象。每天的喜怒哀樂都扣在對方身上，只要對方有所回應，就高興個半天，對方反應冷淡，就焦慮不安，甚至茶不思飯不想。

當人生困在這樣「沒有某個人，我就痛苦得要死」的窘境裡，先不論對方究竟是好是壞、適不適合妳，或你們在一起會不會快樂，在這之前，**妳都已經把自己活得不像個人了，別人怎麼敢跟妳在一起？**

還記得前面說過「男人喜歡快樂的女人」嗎？如果妳因為感情而把自己活得一團糟，男人並不會感受到妳很癡情，只會感到很害怕。因為這代表了他們在妳身邊無法自由——如果哪天他想離開了，妳是不是又會變得一團亂，甚至求死求活呢？如果哪天他覺得跟妳相處很痛苦，說出來妳是不是不能接受呢？如果哪天他不在了，妳還活得下去嗎？那這些是不是他的錯呢？他是不是要背負起「害妳痛苦」的罪名呢？

執著，從來都不能讓人在愛裡變得快樂與自由。

我在前一本書曾說過：「感情的重點不是形式，而是內容。如果妳拘泥於一個形式，認為非要某個人用某些方法，妳才能感到快樂，那麼那不叫作快樂，只是不痛了而已；但反過來，如果妳重視的不是形式，而是兩個相處時的氣氛、雙方的感受，那麼即使妳不特別做些什麼，關係都會水到渠成。」

一旦我們執著於某個特定對象，其實就是在跟自己過不去，因為只有和對方在一起妳才會感到快樂，所以妳會願意用各種委屈自己的方法來討好對方，只為了讓這段關係看似有機會繼續。

比起女生最擔心的：「如果對方知道我喜歡他，那他不就不會珍惜了嗎？」**更讓人不會珍惜的，就是不懂得珍惜自己，只是執於某個對象的女人。**

「執著」與「愛惜自己」的概念是完全背道而馳的。因為執著表示我們相信：我的快樂非要透過外界的某人、某事、某物才能達成，而非我將自己照顧好、體諒自己、愛惜自己，就能滿足。所以越是執著的人就越難快樂，而越難快樂，在感情裡就越難順遂。

大部分的人當然也知道執著不好、執著讓自己很痛苦，但問題就是放不下啊！不知道有多少人問過我：「到底要怎麼放下？」這個問題的出現頻率，大概僅次於「他／她在想什麼？」。

為什麼我們會放不下？為什麼就是很在乎某個人呢？為什麼明知道要往前走、要讓自己前進，但就是無法忘懷呢？

這個問題的答案，我認為隱藏在妳的「需要」裡。

早期我們工作室在講解「需要」的時候，會以「想要」作為對比。當時我們認為：「需要是『得到不會開心，但沒有會很痛苦』；想要則是『沒有也無所謂，但有會很開心』。」

後來我發現這樣的說法並不精確，而且很有可能導致從以前就追蹤我們的讀者和學生，對自己的需要產生罪惡感，所以我決定在這裡推翻自己：

「需要」並不是什麼糟糕的東西，人只要活著，就會不斷產生各式各樣的需要。例如，活著就需要食物、水、空氣；為了心靈的健康，我們也需要安全感、歸屬感、愛；為了實現自我，就需要自由和貢獻感。

當需要被滿足，我們就會感覺快樂、幸福；反之，當需要無法被滿足，我們就會難過、失落、痛苦。

為了創造快樂的生活，理解自己的需要是必須的。只有在清楚知道自己的需要後，我們才能更好地去滿足自己。

那為什麼說執著藏在需要裡呢？有兩個原因：一，任何一個我們放不下的人，都曾經滿足過我們的某種需要，但我們並不知道那是什麼；二，人們錯把對方當成自己的需要。

先來講講第一點：

我們會對人產生喜歡或厭惡的感覺，其實與自身的需要有很大的關聯性。如果對方滿足了我們當下的需要，我們就會產生開心的感覺，也會認為對方幫了大忙、很貼心、很溫柔，但如果對方沒有滿足需要，反而還來添亂，我們就會對這樣的行為感到厭煩。

每個人在每個時刻的需要都不同，但越是不知道如何靠自己滿足的需要，一旦被他人滿足了，我們就會對對方產生越大的好感。

但我們不見得能夠明確的意識到對方究竟滿足了自己什麼，只知道跟對方在一起的時候很開心，於是我們就產生了「對方很特別」的錯覺。而這個特別程度，會隨著對方能同時滿足的需要數量而提升。

我自己也有過這樣的經驗：對方同時滿足了我陪伴、支持、傾聽、關心、成長、價值感、樂趣、接納、照顧、安全感、尊重、信任、重視、溫暖、安全感、貢獻的需要。這數量簡直多到不可思議，而當時的我並不知道「需要」的概念，所以我一直覺得對方是全世界最特別、最重要、最適合我的人，花了很久很久的時間才終於走出來。

如果我以「真命天女」或「命中註定」的概念去看待這件事，那麼這輩子能不能想得開可能都是個問題。但如果我用「需要」的角度切入，去解構所謂的「特別的人」，事情就會變得很明朗。

我曾經遇過一個來諮詢的女生，放下速度之快，令我驚訝不已。

當時她為了喜歡了數個月的曖昧對象的事煩惱不已，心裡明明知道對方不是個誠實的人、又常常搞消失，似乎不是理想的對象，但不知道為什麼，還是放不下對方。

於是我請她列出對方的優缺點，和自己理想的關係形式，然後一個一個與她討論，這男生滿足了她什麼需要，而什麼需要沒有滿足。

寫到一半，她突然抬起頭跟我說：「我發現，我好像只是想要有個人可以聽我說話，剛好他都回得很快。」我說：「所以他滿足了妳『傾聽』的需要嗎？」她點點頭說：「對。但其實如果我願意等一下的話，其他人也會回我的，好像也沒有非他不可。」

發現這點之後的她豁然開朗，三天後我就收到她的訊息：「我遇到新對象啦！我又要再去複習一下你的書！」

還有一次，一個學生因為一直放不下某個對象而感到很納悶，明明對方不帥、也不有錢，還有家室，自己身邊也有其他又帥又有錢還單身的追求者，究竟為什麼無法選擇條件相對好的那一個？

在聽完她說了一連串的事件後，我問她：「會不會是因為妳覺得對方很重視妳？」她愣了一下，我接著說：「這個人做了很多事，讓妳覺得他很重視妳。另一個人雖然對妳更好，但妳可能覺得他個性就是這樣，並不是因為他很重視妳。」她想了一下，說：「好像真的是耶！原來我需要的是重視喔？好像真的是耶！那我要怎麼辦？」我說：「妳要不要試著重視自己看看？如果妳能夠重視自己，或許就不那麼需要別人重視妳了。」

隔天她跟我說：「我一發現我需要的是重視，就會一直流眼淚！」我告訴她：「那很好，因為妳以前都假裝自己不需要。現在妳知道自己需要了，那就可以開始選擇滿足自己。」

類似的案例還有很多，共通點都是：當發現對方滿足的是自己的什麼需要後，就意會到原來自己需要的並不是對方。

那為什麼我們會誤以為自己需要對方呢？這就要講到第二點「人們錯把對方當成自己的需要」了。

我們很常跟學生說：「不要錯把手段當目標。」意思是指：在做任何事的時候，都不要因為將專注力過度集中於正在執行的方法，而忘了自己的初衷。

我有個學生一直很想長高。為了長高，她上網查了很多資料，還買了長高訓練課程。

有一次我問她：「妳為什麼一定要長高呢？」她說：「因為我想當model。」我又問：「可是，當model不一定要很高，不是嗎？如果是平面模特兒的話，妳現在的身高就可以了吧？」

雖然當下她還是很堅持想要長高的想法，但過了一陣子，她跟我說：「我覺得想當model好像不一定要很高。而且我也不是真的很想當model，我只是覺得很酷，我想跟喜歡的人一樣。」

這個例子妳聽起來可能覺得很好笑，但談戀愛時執著於某個人身上，其實跟為了當model而想長高沒什麼不同，只是乍看之下可行性高了一點而已。

如果我們因為覺得很喜歡某個人，一心一意只想追到他，而忘了自己最一開始為什麼想要談戀愛，其實就跟為了當model而努力想長高一樣。

這也是為什麼第一點會告訴妳：執著是源自於我們不知道對方滿足了自己什麼需要。這個「被對方滿足的需要」，其實才是我們想和對方交往的原因，而「和對方交往」，只是滿足需要的一種途徑。

講到這裡，妳可能還是一頭霧水：「可是對方就滿足了我啊，那如果我不跟對方交往，需要不就不會被滿足了嗎？」

我舉個更簡單的例子，來闡述「需要」和「途徑」的不同：

我很常問學生：「你需要上班嗎？」大家都會說：「需要啊！」這時我會再問：「你為什麼需要上班？」他們會說：「因為需要錢啊！」我說：「所以你需要的是錢，不是上班。上班只是你得到錢的策略。」

如果不用上班就可以得到錢，誰還要上班啊？但如果我們誤以為自己需要的是上班，而沒有意識到其實錢才是重點，那麼不論上班再怎麼痛苦，我們都不會為自己找其它可以賺到錢的出路。

正如上班是獲取金錢的手段，和某個特定人士交往，也是我們滿足某些需要的途徑。

我用一張簡單的圖，來表示需要和途徑的不同：

需要　途徑

陪伴

- 跟朋友相處
- 跟家人相處
- 跟喜歡的人相處
- 跟寵物相處
- 跟自己相處
- 做公益、去陪伴他人

假設一個人的需要是陪伴，那麼和朋友、家人、伴侶、喜歡的人、寵物相處，或是上交友軟體和陌生人聊天，甚至去做公益，陪伴獨居老人或育幼園的孩童，都有可能滿足這個需要，這些作法就是所謂的途徑。

我們必須釐清需要和途徑的不同，因為我們理想中的途徑不一定永遠可行，但「需要」還是可以透過其它方法被滿足。如果拘泥於特定途徑，「執著」就會產生。

所以「執著」的由來，並不是我們的需要，也不是像人們說的只要無欲則剛就可以克服。人就是會有需要，只是我們是否能看清自己究竟需要什麼，並且試圖找出其它可行途徑。

要放下執著，最快的方法就是釐清自己的需要。只要搞懂「啊！原來我需要的是這個，而不是對方啊！」事情就會變得簡單。

那要怎麼找出自己的需要呢？透過下列四個練習方法，可以提高對於自身需要的敏銳度：

1. 觀察自己什麼時候開心、什麼時候不開心

這個練習本身很簡單，只要觀察自己的情緒、盡量找出刺激，並且記錄下來就可以。例如：早上心情不好，因為沒吃早餐；老闆一直碎唸覺得很煩，因為覺得一樣的事講一遍就夠了，不懂為什麼要講這麼多次；趕報告的時候，媽媽一直開門進來，思緒一直被打斷，很火大……等等。

如果對需要實在很不敏感也無妨，我們先從簡單判斷自己開心不開心開始：現在覺得不太開心，是因為什麼？覺得開心，又是因為什麼？如果想不出原因，那就先記下來，隨著記錄越多，妳會更容易發現事情之間的關聯性，也就更容易找出自己的需要和解讀事情的模式。

或許妳會覺得很麻煩，認為：「這些事我又不是不知道，每天都在發生，對我的感情或對於我被愛有什麼幫助嗎？我又不能改變這些事。」

是的，如果只是單純的觀察，對於妳的生活可能沒有太大的幫助，所以才要加上記錄。

單純的觀察很快就會被淡忘。透過大量的記錄，我們能夠更清楚地看到自己會因為哪些類型的刺激產生情緒波動，也才能對此做出反思。

我們可以利用觀察結果，反思自己是否想要繼續現在的生活？具體來說，我們又是對生活的哪一部分不滿？是否有方法可以改善，好讓自己變得更快樂？

當然，並不是每件事都能馬上找出解決方法，但至少像吃早餐、喝水、睡覺這一類的事，幾乎都能由當事人設法控制，或至少做些調整。

「今天過得如何」是由一整天所發生的大小事累積而成的。如果不快樂的事情很多，即使程度都很微小，也會因為占據掉太多時間，而讓我們覺得一整天都不太順利。換言之，如果快樂的事情很多，即使都不是什麼天大的好事，也會讓我們產生「今天過得很不錯」的感受。

「今天過得還不錯」看似不起眼，不像什麼大絕招，但它卻能大幅影響他人對妳的觀感。

在感情中也是如此，絕大多數的男人都喜歡快樂的女人，如果妳能時時讓自己維持在快樂的狀態，不僅對自己的生活滿意度會提高，也會讓他人更願意和妳相處。

談好戀愛最快的方式之一，就是照顧好自己。因為妳快樂了，在妳身邊的人也容易快樂；但如果妳很痛苦、每天憤世嫉俗、覺得全世界都在霸凌妳，那麼待在妳身邊的人，不管是誰，都會想和妳保持距離。

而練習觀察自己每天開心與不開心，就是能最快、最有效地改變小事的方法。它能很快地改善我們每天的心情品質，同時也讓當事人更了解自己的情緒和需要。

先從觀察情緒開始，意識到自己的需要是否被滿足，能更有效率地讓我們意識到，自己何時、何地、何種情況，會產生某種需要。即使還無法明確區分出各種不同的需要，但起碼能先將具體、已知的部分，做出簡單的調整。

2. 從選擇背後尋找需要

我們的每個選擇，都是為了滿足某種需要。

在前面的文章中，為了解釋「情緒從何而來」，我們看了一張流程圖（如下頁圖）。但這次我們要注意的，不是前面的情緒（能量）部分，而是「動機」和「行為」這兩點。

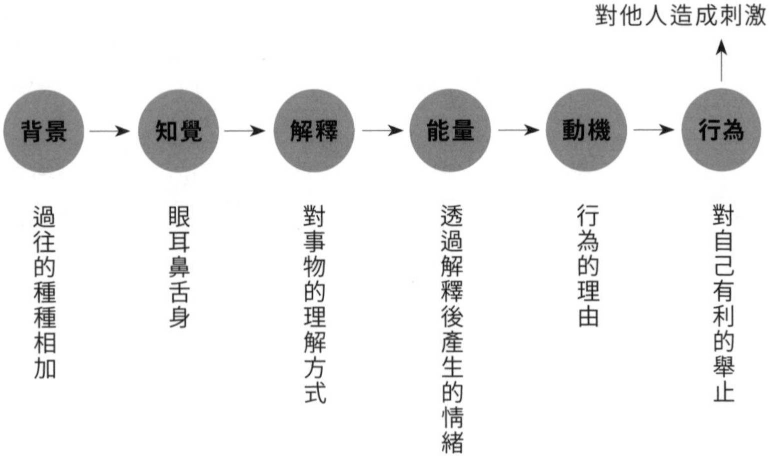
對他人造成刺激
背景
知覺
解釋
能量
動機
行為
過往的種種相加
眼耳鼻舌身
對事物的理解方式
透過解釋後產生的情緒
行為的理由
對自己有利的舉止

在每個行動產生前，都會有一個或以上的動機。「動機」就是我們想要滿足的需要，而「行動」下寫的「對自己有利的舉止」，則是我們為了滿足當前需要所做出的選擇。

通常在感情裡，除了錢和性以外，我們的需要基本上都是抽象的：例如安全感、歸屬感、陪伴、重視、接納、愛、與人的連結……等等。

抽象的需要比較不容易觀察，尤其當我們對於自己的感受和需要不熟悉，就更難觀察出來。

說個在親密關係裡很常見的「無法正確區分需要」的現象：男人常常因為覺得有情感需要很丟臉（擁抱、陪伴等等），只好藉由性關係來滿足情感上的連結，這就是為什麼有很多男人買春完會感到空虛，因為他們根本不是想要滿足性需要，只是想要有人陪伴；而女人則可能對於自己對性的需要感到羞恥，所以會將性的需要轉嫁到情感連結上，要求更多的陪伴或關懷。但不管是上述的哪一種，只要我們無法正確理解自己的需要，就難以確實的滿足。

如果妳對於自己的需要並不熟悉，想要單憑思考邏輯找出自己的需要，並不是件容易的事。所幸抽象需要有些特徵，是我們能夠加以捕捉的。

根據我的經驗，比起具體需要，抽象需要更容易讓人進行無意的行動及衝動。

妳有沒有過對於對方的行動感到很焦躁的經驗？例如曖昧對象對你的訊息愛回不回、男朋友對事情不置可否、在討論重要事情時朋友已讀不回……等等。

當這些情境出現時，我們心裡偶爾會有個衝動，想說些什麼話來讓對方產生反應，無論是說：「如果你真的不想理我，可以直接講沒關係」、「如果你處理事情的態度是這樣，我要你這男朋友幹嘛」、「啊現在人是死了是不是？這是我一個人的事情嗎」，或是擺臭臉、賭氣、說反話……等等，當我們做了或說了之後，多半會後悔不已，但當下就是控制不了這個衝動。

這些脫口而出或衝動的言行，雖然看似不經大腦，但必定有它的邏輯，因為每個行動的背後都必有其需要，只要試著從行動往回逆推，就有機會從人們的所作所為裡，找出當時的需要。

有次我開了「找出自己的選擇，背後有什麼需要」的作業給學生，讓她去觀察自己的行動是為了滿足什麼需要。隔週上課時，學生跟我說：「我終於知道，為什麼我沒事就要去喜歡的人附近晃來晃去了。只要我去晃兩下，對方通常就會跟我講話。我晃來晃去只是為了想跟他說話。」這個發現讓她體悟到：如果只是想跟對方講話，直接開口或許會比晃來晃去更快，而且有更高的機率成功。

「晃來晃去」在無意識的行動裡，算是比較無傷大雅的，更多時候，我們所產生的是會對生活或關係造成更大傷害的行動，例如在衝動情況下口出惡言。

口出惡言無非是為了兩種目的：一，保護自己；二，激起對方的回應。「保護自己」的需要很單純，多數都是自尊、安全這兩者。而之所以要「激起對方的回應」，其實就是需要「連結」，因為沒有回應就不構成連結。

和「晃來晃去」一樣的是：一旦我們知道自己的需要究竟是什麼，就可以**找出其它讓自己更不後悔的途徑來滿足它，而不是任由舊有的習慣擺佈我們的人生。**

無意識的行為和無法控制的衝動充斥在我們的日常生活中，我們需要更有意識的去看清在這些行為的背後，究竟藏著什麼樣的需要。

現在，妳可以試著觀察自己的行為，並試著思考：「我之所以做這件事，是為了滿足什麼樣的需要？」

當我們找出行動背後真正的需要後，就能試著尋找其它可行性更高、代價更低、更符合現實條件的替代途徑。這不僅降低生活中不必要的困擾和爭執，也能在更了解自己、不產生罪惡感的情況下，提高自己的生活滿意度。

3. 往更上一個層次尋找

需要只會是正面的，不會有負面需要，那些我們以為的負面需要，其實都是用來滿足需要的途徑。

妳或多或少都曾經遇過：在交往前不確定對方是否有其他對象，或交往後希望對方能夠減少和異性來往的經驗。妳可能會告訴對方：「你可以不要跟其他女生來往嗎？」，或是「你就不能避嫌嗎？」這時候妳以為妳需要的是「對

方不要跟異性來往」，但事實上，妳需要的只是安全感。

沒有人會需要「對方不跟異性來往」，「對方不跟異性來往」只是滿足安全感的其中一種途徑。我們無法需要一個事物的否定狀態，因為那不存在。我們也無法需要「對方不要那麼白目」、「對方不要看正妹」或是「對方不要一天到晚跟兄弟出去」，只能需要同理、接納、陪伴、安全感、重視，和更多相處時間。只是由於上述的「不要」都看似能達到目標，所以我們才會誤以為那是需要。

這也是需要難以被察覺的原因之一：我們習慣了「不要」什麼，卻很少知道自己「想要」什麼。但每個「不要」，其實都只是因為「要不到」。

有個學生告訴我他很想跟老婆離婚，為了不離婚，所以他才來上課。

這個邏輯乍聽之下很弔詭，所以我曾經問他：「如果你想離婚，那為什麼還要來上課？」他說：「我還是想試試看，如果可以不離，那當然最好。但如果真的不行，也只好離了，這樣大家都比較快樂。如果我想做的事，她都不願意陪我做，她有興趣的事，我又都沒興趣，那為什麼還要浪費彼此的時間？」

他之所以想選擇「不要這段婚姻」，是因為他要不到快樂的婚姻生活。所以他要的並不是「離婚」，而是「兩個人都快樂」以及自由，只是他想不到離婚以外的方法，只好選擇這條路。

這種情況並不罕見，幾乎每一段分手，都是因為想要的要不到，最後才會選擇「不要」——我希望男友不要再跟異性有太多往來，但怎麼講都講不聽，只好分手，這是想要安全感但要不到的情況；父母反對我跟對方交往，希望我換個更好的對象，只好分手，這是想要保持跟父母良好的關係，所以做出的選擇；急著想結婚，但對方卻遲遲不同意，只好分手，這是想要安全感、確定性（兩者都是為了確定自己時間不會浪費）、時間，但要不到，最後才得出的結論。

每個看似殘忍、自私的選擇，都只是基於當事人的需要。如果我們能看出自己和對方，其實並不是「不要」什麼，而是「想要的得不到」，也不知道該如何將現況變得能夠滿足自己的需要，不僅我們會心寬意解、不再認為自己受到傷害，也有機會找出更好的解決方法。

但當我們還對需要不熟悉時，可能很難直接找出正向的需要，腦子裡總是

「我不要這個」、「我不要那個」的想法。沒關係，那就先從途徑開始，因為途徑和需要必定有關聯。

途徑可能是肯定的，也可能是否定的，例如：想要對方喜歡我、睡覺的時候不想被吵醒、想成為萬人迷、說話的時候不想被打斷……等等。不論這些想法是什麼，都先把它記錄下來。

接著，再試著從「不要什麼」的途徑中，找出正面的需要。例如：希望別人不要吵，可能意味著妳**需要安靜**；希望別人不要打斷自己的話，可能代表妳**需要尊重**。

而正面的途徑，我們可以試著從感受出發。想想這些方法如果奏效，會讓妳產生什麼感受，例如：安全、受到重視、被關心、放鬆……，這些可能就是妳當時的需要。

區分出途徑與需要的不同，並且從途徑往上推敲它所帶來的結果，就有很高的機率可以發掘出需要。

4. 逆推被放棄的選項

如果找出了行動，卻仍然不知道需要什麼時，就換個方向想：「為什麼我當時不選另一個？」

前面提到過：每個行動（選擇）背後一定有一個或以上的需要，那些沒被選到的選項，一定是因為無法滿足某些需要才會落選，所以只要聽聽自己不選的理由，多半就能找到些線索。

舉個例子來說：

有次一個女生告訴我，她跟男友在一起有多麼痛苦、對方有多麼糟糕。聽完後我問她：「那妳為什麼要繼續跟他交往呢？」她說：「我不知道，可能放不下吧。」

我想了想，又說：「不然我們換個角度好了，為什麼妳沒有選擇跟他分手呢？」她說：「因為我想要有人陪。跟他在一起，至少我不用自己一個人。」

她將「陪伴」的需要放在最優先順位，所以在沒有其他人選之前，與其自己一個人，她寧願承受對方糟糕的對待，以求不要讓自己孤單寂寞。這就是一個選擇。

人世間沒有所謂的「不得不」或「別無選擇」，我們永遠都有選擇，而每一個選擇，都是為了滿足某些需要。我們得時時記得這件事，才能為自己的需要負起責任。一旦我們將選擇視為「被迫」，就表示我們正在將選擇的責任推到他人身上。

從「不選的原因」逆推出自己的需要，是個簡單有效的方法。當需要無法被滿足時，我們會產生負面的情緒，而負面情緒的好伙伴，就是抱怨。

每個抱怨裡都藏著讓我們找出當下需要的蛛絲馬跡，當找不出需要時，我們大可以先想想心裡的顧慮或怨言，它能協助我們更快地找出答案。

不知道妳有沒有發現：當我們喜歡一個東西的時候，不見得說得出原因，但當我們在抱怨的時候，十之八九都能說得相當具體。

舉例來說，妳同時看上了兩個包，而最後選中了A包的時候，妳不見得能說出A包多少實質的優點，但妳八成說得出B包的缺點：「夾層太少了，很難放東西」、「顏色太深了，跟我平常的衣服不搭」、「這種款式很容易跟別人撞包」……等等，但對於A包，妳可能只說得出：「我覺得很可愛呀！」

這就是抱怨最棒的地方——抱怨總能清楚又具體的指出我們到底對哪些地方感到不滿。如果妳平常是個愛抱怨的人，請千萬不要放過這個優勢，用力的抱怨，然後從抱怨中找出妳的需要吧！

當然，我們的抱怨都只是希望需要能夠被滿足，例如：「啊你想我，幹嘛不打給我？」、「開會要開多久，好想吃飯」、「不要浪費我時間好不好，長話短說可以嗎？」這些OS都沒有直接顯示出當事人的需要，但它反應了我們認為自己的需要能夠被滿足的途徑。只要找到途徑，我們就可以使用前面的其它方法，推敲出當時的需要。

這個原理同樣可以運用在其它地方：想想妳討厭什麼。

會討厭某個人事物，代表它讓我們產生了不好的感受，也就是無法滿足需要。這和上面提到的「落選的選項」相同，所以我們可以用同樣的方式來思考：我對這個討厭的事物產生了什麼抱怨，而抱怨的背後顯示了什麼需要？

某次我在思考自己為什麼這麼討厭主觀的人，我發現那是因為我不喜歡他們強加自己的價值觀在他人身上，我討厭自己的想法和言論自由被控制。那麼換句話來說，我並不是討厭他們，而是我想要自由。只要我能夠保有自己發表言論和想法的空間，我就完全能接受他人主觀的想法。噢，順帶一提，當我發現了這點後，我才發現原來自己也不太能容納他人的意見。

我有個學生，長年來都討厭幽默風趣的男人，因為她爸就是幽默風趣但有外遇的男人。所以當她長大後，挑對象都專找些沉默寡言的，但交往一段時間後又覺得人家太無聊。

有次我問她：「為什麼妳討厭幽默的男生？」她說：「因為我爸就是這樣，我覺得幽默的男生很容易外遇。」我想了一下說：「可是很多不幽默的也會外遇耶！」她突然間愣住了，不知道怎麼反應。

我又說：「也有幽默但沒外遇的啊！所以與其找很無聊的男生，不如一樣找個幽默有趣的，然後好好經營妳們的關係，這樣對方不就不會外遇了嗎？」她恍然大悟，終於從無聊男中解放自我。

既然「討厭」只是因為想要的得不到，為了避免自己難受，或發生最糟的狀況而遠離，那何不試著找出討厭的背後有什麼需要，並且讓這個需要得到滿足呢？這樣一來，討厭的情緒就自然而然地煙消雲散，也不用再讓自己時常抱有負面的感受。

上述的四個方法，是用來讓妳練習找出自己需要的簡易途徑。找出自己究竟有什麼需要，是為了讓妳能夠更好的滿足自己、照顧自己、讓自己變得更快樂更迷人，同時，也不用再因為搞不清楚對方究竟什麼地方吸引妳，而讓自己深陷無法離開對方的痛苦糾結之中。

讓自己得到滿足、不再糾結，不僅是愛惜自己的方式，更是維繫關係的入門基本功。唯有在我們能照顧好自己之後，才能夠建立一段平等、不需要互相依存的健全關係。

2-3

支持自己，在愛裡成為最真實的妳

（讓男人動心的情緒獨立、個性成熟的自在女人）

有次，一個學生傳了一段訊息，跟我分享他最近努力去做的事。看到那段長長的訊息，第一時間我以為他還沒有講完，於是我回了他：「嗯嗯」，想著要等他說完。結果後面他就沒再回覆了，我也忘了有這件事。二十天後，他突然傳訊息問我：「所以你沒什麼想說的嗎？」當下我愣住了，心想：「蛤？這不是二十天前的事嗎？你怎麼會現在來問我？」於是我問他：「你怎麼沒早點問？這很久以前的事了耶！」他說：「因為我覺得你在敷衍我，但我不想這麼覺得。我不想這麼小氣好像很在意這些，可是我還是很生氣，而且越想越生氣，最後受不了才來問的。」

乍看之下，這只是一起「學生心裡不高興，但又無法直說，最後爆氣」的小事，但如果我們把性別換一下、角色換一下，其實就是關係裡很常見的情況——

男生沒回訊息，女生心裡很在意，但又不敢問，只好放在心裡，直到某天忍無可忍……。

男生臨時有事放了女生鴿子，女生不想讓自己看起來像個小氣女人，於是故作大方地說：「沒關係，你有事就先忙」，但其實在意得要命……。

男生開心的說和其他女生相處的事，女生明明吃醋，又不想自己看起來小心眼，所以只好試探性的問：「喔……你跟這個女生很好喔？她看起來蠻漂亮的耶，你怎麼沒想追她？」……。

男生說了某句話，女生聽了其實很不爽，但又想說服自己這不是什麼大事，但事後越想越不對勁，於是在某天突然爆罵了對方一頓……。

這些事是不是很有既視感呢？我們通常會誤會是突然爆炸的人情緒管理有

問題，或是有什麼毛病。但事實上，這些人反而是最會壓抑情緒、最理性、最懂得體諒別人的一群。

正因為他們理性、懂得體諒人、認為要管好自己的脾氣，所以他們比其他人更無法認同自己情緒的正當性，但又沒辦法真的不在意，所以才會在壓抑到受不了後，一次性的突然爆發。但於此同時，對方早就忘了這件事，也不知道原來當事人這麼不高興，所以無法理解當事人怎麼會有這麼強烈的情緒反應，於是就將它解讀為「這個人怪怪的」、「有毛病」、「情緒化」。

我以前也有這個現象——習慣壓抑自己的情緒、無法接納自己的感受，只要一有情緒，總是會先質疑自己：「我這樣想是對的嗎？可是我好像不該為這種事情生氣／難過／在意。這樣不夠理性／沒有體諒別人的處境。」

「情緒需要有合理的原因，如果沒有，那麼它就不應該存在」的概念，正是上述所有事件的源頭——一旦無法接受自己的情緒，就無法妥善的應對。

這些對於自身的懷疑，會對本書前面所述練習產生障礙——當妳覺得自己的情緒可能是不對的，又要怎麼區分情緒、找出需要呢？當我們對自己的感受抱持著質疑的態度，就會把時間拿去求證情緒的對錯，而不是找出解決方法。但情緒的特性就是：每個人的反應都不同。

情緒是很個人的產物，別人有的情緒不代表妳會有、別人面對同樣刺激所做出的解讀，不代表妳也會這麼解釋、別人覺得不重要的事，妳可能覺得很重要。就是因為情緒如此個人化，所以更不能用是非對錯去定義它，否則我們只會一直幫自己貼上不懂事、不成熟、情緒化、小心眼、愛計較的標籤，對於妳的感情、人際關係，以及生活的快樂度並沒有絲毫的幫助。

我們常常誤以為「檢視自己情緒的正當性」是理性的作法，但它主要是源自於人生經歷裡，別人對於我們情緒的指責。例如當妳覺得委屈或不公平，父母可能會說：「妳怎麼會這樣想？妳這樣想媽媽好受傷，妳都不懂媽媽的苦心」、「妳不要這麼愛計較」、「做人要大度一點，不要什麼雞毛蒜皮的小事都要在意」；又或是當妳感到不安、憤怒的時候，伴侶說：「妳可不可以不要這麼情緒化」、「妳不要像個神經病一樣好不好」、「難道我都不能有自由嗎」、「妳可不可以不要每件事都小題大作」、「瘋婆子」、「肖婆」……等等。

這些指控情緒的言論，會漸漸的讓我們相信，存有這些情緒的自己是不對的、不大方的。為了讓自己更符合社會所期待的「理性思考」，我們會開始試圖控制自己的情緒，或是想辦法推翻它的成因、說服自己「這根本不重要」。

但這個行動反而會將我們推入另一個更糟糕的循環——出現了負面情緒，但因為無法接受它，所以對自己所產生的情緒感到憤怒，最後可能就一股腦把這些情緒往別人身上撒。或是出現了負面情緒，但不敢告訴對方自己的感受，怕對方不高興，可是又無法處理這些情緒，所以就變得過於小心翼翼，或顯得很委屈，反而讓對方壓力更大。

支持自己，就是善待自己的方法

著名的家庭治療大師薩提爾說過：「問題不是問題，如何面對問題才是問題。」同樣的，情緒也是。情緒本身從來都不是問題，問題是我們採取什麼樣的方式去對待自己的情緒？是任由它波及他人？還是壓抑它不能出現？還是正視它，並且試圖找出解決方法？這些不同的看法，都會直接影響到我們的人際結果。

妳一定聽過別人說：「女人要自重、自愛，男人才會尊重妳、愛妳。」但多數聽過這句話的人，仍然不知道自重、自愛究竟要怎麼做？我覺得主要的因素，就出在大家其實並不理解「被自己所愛」是怎麼一回事。

「愛」的最終表現，是接納——全然的接納自己的存在、自己的特質、自己的感受、自己的欲望，理解自己的獨特性正是由這一切所拼湊出來的。只要我們能做到接納自己、支持自己、跟自己站在同一邊，其實就能夠被自己所愛。

但「接納」這個動詞很抽象，即使知道概念，也往往不知道具體要做些什麼才真的算「接納了自己」？這對於非常理性客觀的人來說尤其困難。

我發現越是希望自己理性的人，就越難以跳脫用是非對錯的角度看待情緒。而「是非對錯」的觀點，正是為什麼人們很難接納自己擁有負面情緒的原因——「是非」的世界是沒有包容力的，一旦我們用對錯的眼光去評判情緒，就不可能做到接納了。

要跳脫「是非對錯」的觀點並不容易，畢竟我們的一生就是在這樣的框架中存活。要將自己抽離出這個框架，就必須先理解一件事：重點不是「對不對」，而是「我要不要」。

我覺得這世界沒有任何一個觀點是錯誤的，因為每個觀點在不同情境裡，都有成立的可能。

舉個例子來說：男人應該賺錢養家的邏輯，在阿公阿嬤的眼裡合情合理，但在我們年輕人的眼裡可能就不合理；女性應該分擔經濟責任的想法，在很會賺錢、很大男人主義的男人眼裡不合理，但在獨立的女性眼裡可能就很合理；小孩應該送去私立學校、上才藝班的想法，對於想讓小孩自由發展的人來說不合理，但對擔心孩子未來、希望盡可能替孩子準備最好的一切的人來說很合理……，諸如此類的例子不勝枚舉，所以所謂的「對錯」，究竟要怎麼樣才能完全成立？本身其實就是一個問題。

因此，如果我們打算全盤接收任何「對的觀念」，很快就會發現：幾乎所有的觀點都會彼此產生衝突。這是因為不存在「絕對正確的觀念」，只有「在某些情境下合理的觀點」。

既然沒有絕對的正確，那麼我們在選擇要接受什麼樣的觀點時，要做的事情只有一個——**選妳喜歡的**就好。這正是接納自己的開始。

在我發現大家不知道怎麼接納自己之後，我開始將用詞改為「支持自己」，因為我認為：比起接納，「支持」是個更有力量，也更容易具體執行的詞彙。

「支持自己」說穿了，就是無腦瞎挺。妳不需要有任何的理由、任何有力的論點，也可以支持自己擁有所有情緒，同時也可以支持自己做出各種決定。

現在覺得很生氣，但又好像沒什麼好生氣的？那就先生氣吧！先接受自己生氣，再慢慢釐清自己對什麼事情做了什麼解釋，所以感到生氣；覺得很累，但又覺得別人可能比自己更累，所以就認為自己很草莓嗎？先感到疲累，並且適度休息吧！每個人的耐受度本來就不同，這種事根本沒有什麼好比較的。如果妳覺得別人也很累，那叫他們也好好休息就好了。

妳的情緒無論如何就是存在，如果連妳都不支持自己、尊重自己，那麼有誰會尊重妳？不需要對情緒感到任何困惑，妳會產生任何情緒都有其原因，即使那些原因和其他人不同，也絕對不是莫名其妙，只是「妳跟別人不一樣」而已。所以妳也不需要花時間去尋求他人的認同，問別人：「我有這樣的情緒是正常的嗎？」就算對全世界來說都不正常，對妳來說有，那就是有。妳需要做的事情並不是質疑自己，或攻擊產生這樣情緒的妳，而是擁有自己的情緒，然後找出來源、找出讓自己快樂起來的解決方法，這才會改變妳的生活。

我聽過很多女生，在伴侶關係中，不斷被男友用各種方式貶低和打壓，讓她們相信自己是不對的、不好的、沒價值的，全世界只有這個男人會接受這麼不好的自己。所以即使她們感覺怪怪的、不太舒服、低落、沒自信，也完全不會覺得這段關係有什麼問題，或是考慮自己是否要離開。因為她們被男友教育了：「愛就是這樣，親密關係就是這樣」、「我這樣是為妳好」、「我對妳很好，有錯的人是妳」，只要一有情緒、感覺不舒服，對方就會用大道理來告訴她們：「妳這樣想不對」、「妳怎麼會有這種想法」、「我明明對妳這麼好，妳怎麼這麼不知感恩」、「我會這麼做，還不是因為妳先做了什麼」，她們連擁有情緒的自由都被剝奪了，以致於連要逃離這樣的關係都不知道。

甚至還有些女生，因為交男友的時候還很年輕，沒有經歷過什麼親密關係，也無從比較起。所以當她們發現自己不想跟男友有更親密的接觸時，甚至不知道可能是因為她們不喜歡對方、不想被對方觸碰身體，而強迫自己配合對方。

這些情況都是因為無法支持自己、接受自己的感受所導致的。父母的教育、男友的認知、社會上約定俗成的信仰，在在讓我們相信了自己的感受只是錯覺，連帶的讓我們不知道要遠離痛苦的關係。

所以在學習接納自己、支持自己、愛護自己的過程裡，只要不違法、不危及自己的安全，不管妳想嘗試些什麼，我都鼓勵妳多去嘗試。因為只有在妳嘗試過後，才能區分那是不是妳喜歡的、想要的，而不是聽別人說的。

有次一個學生跟我說：「我最近覺得跟喜歡的男生聊天壓力好大，要一直想話題開話題，我覺得好累好想休息，我可以不要跟他聊天嗎？」我說：「那就休息不要理他了吧，聊天要兩個人都開心才會開心。」

她聽從了我的建議，有好幾天的時間沒有理會對方，結果對方反而比較積極的來開話題。不僅如此，也因為她好好給予自己休息的時間，重新聊天時，雙方的氛圍跟感受也比之前好上許多。

能夠接受自己的感覺、支持自己的想法，並且體驗各種不同的選擇，是讓人變得成熟的最快方法，也是練習愛自己的基本步驟。

所以如果妳覺得某個追求者很煩，不想回他訊息，但又覺得這樣很沒禮貌，那麼就先試試看不回吧！支持自己的感受和想法，即使對方罵妳很沒禮貌，妳也可以老實的說：「嗯，這樣對你來說可能很沒禮貌，但我就不想回。」如果妳覺得喜歡的男生說話很討人厭，很想直接罵他，妳也可以這麼做，為什麼談戀愛就一定要配合對方，不能有自己的脾氣呢？如果妳覺得約會的餐廳太貴、太便宜或妳不喜歡，也不用怕別人覺得妳有公主病，直接說出來，別委屈自己；如果妳覺得和男友的關係，實在是讓妳很不舒服，那就分手吧！不用管他以前對妳有多好，或是妳的年紀有多大，是不是已經到了適婚年齡，待在糟糕的關係裡比單身一輩子來得更具傷害。

接受妳所有的感覺，它們不需要理由；支持自己的想法，盡量讓自己去做做看各種事情，好好體驗、享受妳的人生。如此一來，妳才更懂得如何愛惜自己，也才有更多餘裕去關愛重要的人，而不是把自己是非對錯的框架套到對方身上，讓兩個人都在關係裡痛苦不已。

特別篇

安全感和自信，來自於妳累積了多少能力

感情中，我們很常談論「安全感」的重要性，一旦關係出了問題，人們往往第一個想到的歸因，都是安全感。

但具體來說，「有沒有安全感」到底對於人們的關係會有什麼樣的影響，或許不是每個人都這麼清楚。因為在多數人的認知裡，「人沒有安全感」是一件很正常的事，而且人們普遍相信，安全感的建立必須仰賴伴侶來完成，就像情緒必須透過他人安撫一樣。所以除非和伴侶已經鬧到要分手或已經分手的階

段，否則大部分的人根本不會想到要建立自己的安全感。

那麼「人需要建立自己的安全感」，之於關係的必要性是什麼呢？讓我來說個故事：

約莫從三四年前開始，我就很常從來諮詢的人口中聽到「手機定位軟體」這個東西，以及它所帶來的紛爭——「我女朋友明明說沒有要跟同事出去，但我看到她的定位就在大家約好的ＫＴＶ」、「那天我跟男朋友說我要回家，但回家前我想說去買個鹹酥雞，他看我的定位沒有直接移動回家，就覺得我是不是騙他。拜託！我只是去買鹹酥雞耶！」「我現在每天如果不盯著我男朋友的定位，我就會害怕。只要打開定位，確定他有待在他說的地方，我就會鬆口氣。我覺得這樣好痛苦。」

在連續聽到三個因為裝了定位軟體，而把關係搞得更糟的案例之後，我再也壓抑不住好奇心，我問當時的個案：「為什麼你們都要裝定位軟體啊？」對方露出一副「你怎麼會有這個問題」的表情，對我說：「現在很多人都有裝啊！想知道對方在哪裡，或是想知道對方和別人聊了什麼，不是很正常嗎？」

太棒了！又是一個約定成俗的信仰！一個因為大部分的人都沒有安全感，所以共同建立起來讓所有人失去自由的信仰——人們因為害怕被背叛，所以安裝了一個監視系統，好讓他們可以觀察愛著自己或已經不愛自己的伴侶，究竟有沒有為非作歹。但這意義何在呢？

當一個人很愛妳的時候，有很高的機率不會做任何背叛妳的事，可是如果妳不斷的表示妳的不信任，那麼他就會有越來越高的機率變得不愛妳；而當一個人不再愛妳的時候，即使妳可以親眼看到他和別人去開房間，那又怎麼樣？阻止他去開房間，他就會突然重新愛上妳？抓住他外遇的證據，只能讓妳在離婚的時候分到比較多錢，但沒辦法讓關係回到相愛的原點。

我認為定位軟體是個和貞操帶同等糟糕的發明。我從來沒看過哪對情侶，因為用了定位軟體之後，關係變得更好、更穩定、更甜蜜，通常只會產生更多莫名其妙的疑慮、猜測、不安和爭執，對關係從來沒有任何實質幫助。

諸如此類的「信仰」，還有互相交換密碼、看對方手機、檢視對方信箱、檢查對方信用卡帳單……等等，全部都是讓存有疑慮的人得到更多懷疑素材，好用來破壞關係的絕佳管道。

既然如此，那為什麼人們還要繼續這麼做呢？為什麼明知道這毫無意義，卻仍然停不下來呢？

因為不安。這些看似對方還保持忠貞、自己有能力控制局面的線索，可以有效的在短暫時間內驅散人們不安的感受，所以在關係中懷抱著不安的人，會像吸毒一樣，無法控制的去觀看那些讓自己看似安全的資訊。

短暫的、一閃即逝的不安，或許會讓人感覺自己是被在乎的。但長時間的不安，只會讓人感覺自己不被信任，這就是「沒有安全感」對關係帶來的破壞。

而且這不僅僅出現在交往後，「沒安全感」的破壞力，從交往前就會開始展現——許多人光是在約會、曖昧時，對方只要訊息回得慢一點，或是社群媒體上有別的女生出現，就會感到坐立難安。也就是說，當我們想談好一場戀愛時，除了許多不可抗力的外物要煩心以外，還得花上不少力氣去對抗自己的不安。

「不安」對內會讓我們焦慮、容易胡思亂想、鑽牛角尖，而這些內在的感受和想法，則會進一步的擴展到對外的行動上，於是我們開始想控制對方、想去確認對方的心意、想要逼對方表態、想要斬對方桃花、想要去問月老對方是不是自己的正緣、想要對方趕快跟自己結婚……等等。

儘管多數人理智上或多或少都知道，這些行動對感情不見得會帶來幫助，甚至可能把一手好牌打爛，卻無論如何都控制不了恐慌的情緒。最後，「談戀愛」最大的敵人不再是其他的競爭對手，也不是對方，而是自己的心魔。

處理自己的不安全感，變成多數人在感情裡最大的課題。但「要有安全感」跟「無欲則剛」一樣，都是一個口號，實際上根本沒有人知道要怎麼做到。在不知道作法的情況下，人們只好不斷告誡自己「不能沒有安全感」，於是又衍生出各種奇形怪狀的問題——為了讓自己不會沒安全感，就不跟太受歡迎的人交往；比起自己愛的，不如挑愛自己的比較安全；因為害怕分手，就騙自己不如當一輩子的朋友，因為朋友不會分開；拼命讓自己同時跟複數對象約會，以免注意力集中在某個人身上；怕被背叛，索性先背叛對方或先甩了人家……諸如此類為了讓自己「看起來好像比較安全」，實際上卻本末倒置的作法層出不窮。原本是為了讓關係不要變糟，到後來反而演變成一場又一場「贏過對方才會安全」的感情遊戲。

安全感要怎麼建立

既然要了解「安全感」從何而來，那麼我們得先搞清楚它是個怎麼樣的東西。

安全感，故名思義，它是種感覺，跟新鮮感、興奮感、無力感一樣，都只是感覺。

還記得前面說過「情緒是來自當事人的解釋」嗎?當我們對刺激作出了解釋，就會產生感覺。

感覺是非常個人而且主觀的，與事實之間不一定要有合理的關聯。或者說，根本沒有任何他人看起來合理的關聯也無所謂。

舉個例子，我和某個前女友交往時，某次她突然說：「我覺得白色的ＢＭ

W很帥。」聽到那句話的當下，我直覺性的聯想到她可能出軌了，而且對象開的是白色的BMW。於是我開始感到不安、自卑、難過和憤怒。

這樣的解讀和聯想其實沒有任何道理，但這就是我當時的主觀感受。而且無論我再怎麼告訴自己：「嘿！她只是對車做出評論，你會不會太敏感、想太多？冷靜點好嗎？你的想法真的很荒謬！」都無法停止腦中恐懼的妄想和不安。

感覺就是這麼一回事：就算別人都覺得沒什麼、就算當事人用各種理性的角度說服自己，但感受就是感受，它無法被理性的邏輯或數據說服。

所以只是要求自己「不要沒有安全感」或「不要害怕」，對於恐懼是完全沒有幫助的。我們或許能夠選擇面對自己的恐懼，卻無法讓自己不再感到害怕，除非我們對恐懼的源頭做出修復。

那下個問題又來了：為什麼有些人容易害怕，有些人不容易害怕？

除了性格等等的天生因素之外，我認為「容不容易害怕」的另一個關鍵點，在於對自己有沒有自信。或許這聽起來很像老生常談，但請聽我娓娓道來。

「自信」這個詞，一般來說我們會把它想得很籠統，會以為它指的是一個人的整體。可是一旦事情牽涉的層面太廣，就會變得很難定義。舉例來說，一個很會追女生，但不會經營長期關係的人，到底是有自信還是沒自信？又或是一個事業有成、對自己的工作領域信心滿滿，卻不知道怎麼跟異性相處的人，是有自信還是沒自信？

「自信」是一個需要被針對性的應用在不同面向上的形容詞，如果我們想用簡單的詞彙定義一個複雜的整體，當然會感到混亂。所以我們要做的事情其實是釐清：我對自己的什麼部分有自信。

在工作上，當然就是專業能力跟職場關係的適應力，那麼在感情上，我們應該看的是這兩個區塊：一，對自己獨立的信心、二，對外相處的信心。也就是「自我價值」跟「相處技巧」。

我發現，「獨立」跟感情中的安全感有著非常大的關係。有些人很會談戀愛、很知道怎麼吸引異性、總是能跟自己喜歡的人交往，但並不代表他們的感情就一帆風順，他們心底仍然恐懼被拋棄、被對方發現自己不好的一面，對於自己的許多地方深深的感到不自信。

當然，這些和情緒處理、溝通技巧也多少相關，但其中還有一個至關重大的因素：當事人對於自身的經濟及獨立能力的評估。也就是說，**不相信自己能夠完全自立的人，非常容易沒安全感。**

這個情況不管在男女身上都會出現。我有許多家境優渥的女學生，各方面條件都不錯，對自己也很慷慨，但一談戀愛就沒安全感，因為她們心裡知道，自己不見得有能力負擔得起想要的生活水平。她們的不安全感來自於「不知道離開家裡的支持之後，我能不能讓自己過著和現在一樣的日子」，也就是對自己的獨立能力沒有信心。

我很常把學生趕出去住，因為建立獨立的信心，常常能讓學生產生自信，而這些自信是無法經濟獨立的人很難擁有的。

但不幸的是，把大家趕出家門這件事很難成功。無論我多麼清楚的說明各種理由及能帶來的好處，她們最常告訴我的話還是：「可是我怕我如果搬出去，就沒有能力過現在這種生活了。」這種依賴性，正是沒有自信的關鍵——沒有嘗試完全脫離家裡，以自己能力支撐自己生活的人，永遠都不會相信自己能夠自立。這個狀況會延伸到伴侶關係上——無法相信自己離開伴侶後，能夠自己過得很好。

「把學生趕出家門」的任務，我至今只成功過一次。這個學生在搬出去的第一天，跟我說：「亞瑟，我覺得我的自我價值徹底崩壞，我發現我好廢，我什麼都不會。我不知道怎麼裝 wifi，去買線還買錯。」

兩天後，她跟我說：「房東同意幫我換床，但要我自己處理舊床，我第一次學怎麼用。然後我家熱水器壞了，我還很冷靜的自己聯絡了水電來修理。」我問她：「妳有沒有發現自己脾氣變好了？」她大笑，說：「有，我發現大吼大叫，熱水器也不會自己好。」

一個月後，她跟我說現在的她過著人生中最快樂的日子；三個月後，她跟我說她現在的存款，是以前住家裡的五倍；五個月後，她說她那個擅長情緒勒索的媽媽對她的態度變了，變得很尊重她，因為媽媽覺得她又美麗又有自信，也想向她學習。

最重要的是，當她的曖昧對象態度變得冷淡後，她只驚慌失措了兩天，就發現自己其實根本不是喜歡對方，只是想透過把對方追回來繼續喜歡自己，來感受自己是有價值的。

當然，除了搬出家裡之外，她還做了很多的努力，但無庸置疑的是：她因為體驗了獨立的生活、學會了許多以前不會的技能，透過這些實際行動上的驗證，讓她建立起了「我可以照顧好自己，我一個人也能過得很好」的信心。

這種「我一個人也能過得很好」的信心，是很難透過其它層面建構的。有許多人即使在工作上表現亮眼，也不見得能將自己的生活打理好，更別說還要照顧自己的身心健康了。當人們對於「我能照顧好自己」不具備信心，在感情裡自然而然就會認為自己必須依賴他人的照顧，所以才會如此恐懼他人的離開。

那麼有沒有人搬出去住了，但還是很沒安全感呢？

有，通常是下列兩種情況：一，因為跟家裡關係不好，所以想逃離家中，但因為無法修復跟家庭的關係，所以仍然缺少被愛的信心；二，經濟不獨立。

第一種狀況，可以參考各心理學的書籍，或是我的另一本書《為何戀情總是不順利》，在此就不贅述。

至於第二種情況，指的是：雖然人搬出去了，但其實並沒有建立起完全經濟獨立的能力，以致於心中仍然感到自卑。

這種現象，往往和「過度消費」的習慣有關。一旦我發現對方雖然已經搬出家裡，卻還是極度缺乏安全感，我就會先確認兩件事：一，搬出家裡後，房租是誰付的？住在家裡的房子嗎？是否還是受到家裡的金援？二，是否有信貸或卡債？消費習慣如何？

有些人雖然不跟家人住，但還是住在家裡的房子，或是費用由家人幫忙支付，那其實跟住家裡沒什麼兩樣。這不僅會讓人忽視掉獨立所必須支出的成本，照樣用極低的必要支出過活，同時也無法讓父母用「你已經是個獨立的大人了」的角度去看待當事人。俗話說「拿人手短，吃人嘴軟」，依附於家人的生存方式其實等於受人所制，許多媽寶爸寶就是這樣被養出來的。

那麼為什麼有負債也不行呢？如果這個負債是當事人經過合理計算，所做出的槓桿操作，就沒什麼問題（但在投資能力和風險評估能力上又是另一回事）。但如果負債來自於過度消費，就表示其實當事人仍然在過著一個與自己能力並不相符的生活。

我曾經有個學生，很會追女生，但很沒安全感，這導致他和異性相處時，即使對方對他釋出好感，他也難以接受。進入親密關係後，也很常因為一些小事受到刺激、對女朋友發脾氣，他女朋友因此受了很多委屈。

一直以來，他都對自己的經濟狀況不太有自信。因為擔心別人認為自己沒錢，會瞧不起自己，所以出手總是很闊綽。而為了爭面子的代價，就是他的信用卡每個月都在刷爆的邊緣，每期帳單只能繳最低應繳，遇到突發狀況時，也必須低著頭去向朋友借錢，事後都得對朋友必恭必敬，擔心對方一個不爽，就叫他一口氣把錢還清。

由於他的經濟狀況如此，自然對於「別人是否會看不起他」感到更恐懼，為了遮掩自己的自卑感，出手闊綽的行為就變得越來越嚴重，實際上的經濟負擔也變得越來越大。

在時時刻刻都必須擔心接下來的生活是否會遇到危機的情況下，人要怎麼有自信跟安全感呢？

當他痛定思痛，開始執行還錢計劃之後，雖然一開始的生活變得很拮据、很辛苦，但隨著他每還一點錢，心裡就越感到踏實。當他把負債全部還清，甚至還小有存款之後，他不僅對下定決心並成功執行任務的自己感到欣賞，同時也學到許多可以更節省卻不會犧牲生活品質的技能，從此過著更輕鬆舒服的生活。

雖然安全感很容易受到過去的感情經驗、人際關係等等的影響，但會造成影響的，不僅是這些和情感有直接相關的事項，一個人對自己能力的信賴程度，也是重要的因素。

「安全感」這種感覺，指的其實就是當事人是否有「面對某些事情發生時，我能好好活下去」的信心。如果我們對於自己「脫離對方後的存活能力」有所質疑，自然就會慎防對方的離開，進而做出一連串控制、猜疑的行動，最後導致關係的破壞。

可是一旦我們對於可能發生的事有著堅定的信心，知道自己能夠妥善的處理，無論再怎麼糟、再怎麼難熬，都一定可以撐下去，那麼我們就能有足夠的勇氣相信對方、相信彼此的關係。即使發生了衝突或摩擦，也能以較平靜的態度和對方溝通、協調關係目前所遭遇的問題，而不是以監控的方式來防範對方離開、限制對方的自由。

Chapter 3

談一場理想戀愛1

——基本策略

3-1

決定妳的目標，擬定妳的策略

在第一、二章，我們講述了許多關於自身如何接收愛、如何看待事物、如何讓自己在各方面都更加平穩的方法。這些都是讓自己在感情裡能夠變得更穩定、舒服的根基。

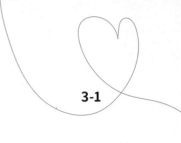

但無論我們再怎麼心如止水，和自己相處時總是平靜愉悅，如果妳的目標是「談段理想的戀愛」，那麼最終我們仍然免不了要與他人接觸。

據我所知，市面上教女性「策略性戀愛」的書不多，或許是因為女生天性就不喜歡把戀愛這麼浪漫的事，用過於理性的角度去看待，這會讓人覺得感情變得很不自然，所以沒人想做這麼吃力不討好的事。但這不代表用理性的角度去看待感情是不正確的。

雖然我有很多女學生，只要一談戀愛就像腦子進了水，但她們本質上都是習慣以理性思考的，只是沒有人告訴過她們：「戀愛該如何被理性的看待？」以致於即便她們想要理性，也無從做起。

所以，在接下來的篇章，雖然會說到一部分的技巧（主要都與請求和衝突有關），但更大的篇幅，我想提供給妳的，是不同的思考模式。

感覺絕對是戀愛中最重要的一件事，但如果能搭配理性的思考，不僅能讓妳的感情變得更順利，也能大幅提高妳的成功率。因為當我們進入很恐懼或很在乎某些東西的情況時，感覺常常都會偏頗，這時就需要理性的輔助。

既然講到策略，那麼首先思考的事情就是「我的目標」，以及「我現有的資源」。

我們先從目標說起。

常有學生問我：「老師，我在網路上／書上／youtube上，看到有別的老師說，女生不應該秒讀秒回，應該要怎麼怎麼做。請問是這樣嗎？」

這是個好問題。這讓我想到我剛開始投資股票時發生的事。

剛開始接觸股票的時候，我常會看到各種不同的說法，例如：「台股萬七還在存股，笑死」、「如果你不願意持有一支股票十年，那你現在根本就不該買它」、「我當沖一天賺的錢比一個月薪水還多」、「這支股票基本面很強，不用擔心」、「外資要抽銀根了，大家快跑」……這些五花八門的說法，好像都有它的道理，但常常互相牴觸，身為一介微小的股民，我完全不知道要聽誰的才好。

在隨波逐流了一段時間之後，我開始領悟一件事——這些人玩的根本是不同遊戲啊！

雖然表面上看起來每個人都是在玩股票，但有些人打算長期持有，有些人打算在幾個月內做波段、賺價差，有些人打算當天就殺進殺出賺便當錢，那他們講的話當然會產生矛盾，因為他們根本不是用同一個角度去思考的。

戀愛也是，有些人就是想要暫時找個人陪、有些人想找炮友、有些人想經營長期關係、有些人就想趕快結婚，雖然大家表面上看起來都是在談戀愛，但玩的也都是不同的遊戲。

所以要回答：「某某老師說應該要如何如何，是不是對的」這個問題前，我們首先要想的是：妳在玩的遊戲跟他玩的有沒有一樣，也就是說，妳談戀愛的目標是什麼。

在我很年輕的時候，曾有幾次的經驗，明明很喜歡對方，但心裡又覺得好像不要交往比較好。有時候是出於自卑，認為自己配不上對方，不要不自量力；有時候是覺得自己經營長期關係的能力很爛，不希望最後傷了人家的心，別搞到最後再也不能聯絡。不管是基於什麼理由，反正我就是心裡想著：「跟人家當朋友就好。」

然而，隨著和對方的關係越來越好，我就變得越來越在意，開始害怕如果哪天對方交了男朋友，我們是不是就不能再維持現在的關係？會不會對方就不再重視我了？我是不是就會失去對方了？

這些恐懼不安的情緒越來越常出現，我開始難以保持正常的狀態和對方相處。尤其在對方和異性接觸時，我更是會因為吃醋而坐立難安，但又不斷的跟自己說：「你又不是人家的誰，你有什麼資格吃醋？冷靜點！」

這樣的情況一再出現，恐懼、不安、憤怒、酸澀、開心、焦慮……各式各樣的情緒交織成了我的態度——我變得超奇怪。

最後因為我變得太奇怪了，所以即使她們原本喜歡我，也慢慢的不再喜歡我了。而我在發現她們的態度變冷淡之後，陷入了更大的恐慌，開始死命的追對方。

原來我根本不是想跟人家當朋友，我只是不敢，也無法承認自己想和對方在一起，只好跟自己說：「當朋友才能長長久久」。

最後呢？連朋友也沒得當！

記取這些教訓之後，有次我遇到一個女生來諮詢，問我要怎麼跟對方保持朋友關係。當時我很鄭重的問她：「妳只是想跟人家當朋友嗎？不要騙自己。如果妳其實不想跟對方當朋友，那麼即使我讓妳們保持了這樣的關係，妳還是會覺得不滿足。」

她很膽怯的問我：「可是我們現在關係已經不太好了，我還可以希望和對方交往嗎？這樣會不會太不切實際？」

我告訴她：「我的工作就是盡可能的幫妳想出方法，但妳一定要告訴我妳真正想要的是什麼，不然我沒辦法幫妳。」

「確立目標」絕對是每個人在談戀愛時，都要好好想清楚的事。當朋友有當朋友的作法，吸引有吸引的作法，當炮友有當炮友的作法，但如果妳連自己到底想要什麼都不知道，又怎麼知道現在的自己該採取什麼樣的方式呢？

要確立目標，首先我們必須先確認第一、二章裡講到的：妳的感受和需要。妳必須很誠實的面對自己，問問自己：「現在的我有什麼感覺？我喜不喜歡現在的關係？我需要的是什麼？」（良心建議：全世界妳想騙誰都可以，但千萬不要騙自己，騙自己基本上就是一切苦難的開始。）

當妳釐清自己的目標或是渴望之後，才能開始挑選適合妳的策略。

拜科技所賜，現在我們幾乎可以在網路上找到絕大多數的資料。而要如何從這麼大量的資訊中，篩選出適合妳的，要著重在以下兩點：一，妳的目標跟資訊提供者是否一致；二，妳所擁有的資源，和對方是否相同？如果不同，是哪裡不同？

很久以前，有個朋友去參加了同行的講座，回來後跟我抱怨對方的講座不實用：「他的講座是在教『如何經營自己的社交媒體』，就ＦＢ或ＩＧ之類的。但他的作法一般人根本不適用啊！他就是一直放去高級餐廳、俱樂部、跟跑車合照的照片，那沒跑車的人怎麼辦？」

這就是所謂的「妳擁有的資源和對方是否相同」。當資源不同時，妳就難以完全參考對方的建議執行。

多數人不會教女生怎麼炫富，在女生吸引異性的普遍作法裡，資源一直都不是重點。所以對女生來說，更需要注意的，不是資源，而是前提。

以前述「女生不要秒讀秒回」的策略來說，如果妳本身就是一個跟人距離比較遠、態度比較冷的人，那麼「不秒讀秒回」可能根本就是妳的常態。一旦妳又聽信了這樣的建議，很有可能會把回覆時間再拉得更長，最後對方只會覺得妳對他沒興趣；但如果妳是個只要一對別人有好感，就馬上全身心付出的人，那麼「不要秒讀秒回」就會是個有效抑制妳過度付出的方法。

「好感度」也是一個重要的前提。有些人會跟女生說：「妳就是任性、撒嬌就對了，男人就愛這一味。」這個方法對於已經有一定好感度的關係來說，是很適用的，但如果人家現在跟妳根本不熟呢？如果妳們只是剛在交友軟體聊了兩天，就說：「我想要 iPhone！買給我～～不然我要森77！」妳覺得會得到什麼結果？（但後面會教絕對安全的撒嬌法，請不用擔心。）

當妳對於「感情」本身的掌握度越高，妳越能拿捏分寸，也越了解當前採取什麼樣的作法，會對於妳想要的目標有幫助。

但在妳還不熟悉以前呢？請妳拼命去練習。上交友軟體，把每個人都滑like，然後使出所有妳知道的方法，盡可能的吸引每一個人。

為什麼要這麼做呢？因為女生最愛跟我說：「可是這些人我又沒興趣。沒興趣的我都沒問題，有興趣的我就沒辦法。」

拜託，不要跟我開玩笑了！如果妳連沒興趣的都不願意練習，有興趣的又怕得要死，請告訴我妳該怎麼學會談戀愛？大部分的女生之所以可以吸引自己沒興趣的對象，並不是因為很會吸引，只是因為人家剛好喜歡妳！如果妳能做到「有意識的吸引自己沒興趣的對象」，那麼當妳面對有興趣的人時，就有更高的機率讓妳的意識發揮作用，不讓自己失控。

現在就打開妳的交友軟體，把每個跟你 match 的人取名為「木椿 1」、「木椿 2」、「木椿 3」，然後開始想像「如果我想吸引他，我要怎麼做」，把情境假定為他就是妳喜歡的人，然後拼命把妳學到的每一個方法往對方身上丟，看看會得到什麼結果。如此一來，妳的每一次聊天、每一次約會，都會變成妳的經驗值，都會產生意義，當妳在未來想將這些方法應用在喜歡的人身上時，才能更精確的去衡量自己的優劣勢，以及拿捏分寸。

3-2

害怕被拒絕時，妳想過「機會成本」嗎？

○○○○

當我開始研究股市後，常常會感覺到談戀愛跟投資沒什麼不同。「錢」跟「情」這兩大關，幾乎涵蓋了絕大多數人的煩惱。而我們在面對這兩者時，也常常會有類似的反應。

「他／她到底喜不喜歡我」跟「這支股票明天到底會不會漲」很像；「會不會我再撐一下，就會交往了呢？」跟「再等一下，可能就會谷底反彈了」很像；分析對方的行為分析個半天，也跟分析半天股票的基本面籌碼面很像；無法接受關係突然變差，跟無法接受股票突然爆跌也很像；擔心對方到底會不會回訊息，跟擔心禮拜一股市會長怎樣也很像。

很多人談戀愛都憑「感覺」，畢竟戀愛是很感性的事。但有件很現實的事情是：這些所謂的感覺，其實就是大量經驗的堆積。也就是說，在我們不具備大量的合理經驗以前，感覺能不能派上用場，是個非常大的問題。

有次一個金融業的朋友，跟我說底下的人很不受教，怎麼教都教不會。我問她：「妳都怎麼教妳底下的人看盤？教他們買低賣高嗎？」她說：「說真的，我都說『看感覺』耶！因為有些東西是很細膩的，不是單純買低賣高這麼簡單。」我說：「可是他們沒經驗啊！」她回：「可是真的是靠感覺啊！」我想了一下，說：「那如果妳來問我要怎麼回一個男生訊息，我跟妳說『看感覺』，妳怎麼想？」她說：「噢……那……還真的有點困擾。」

上述的例子換成任何一個工作的專業都是一樣的，做財務的人可以很快發現一份財報不對勁，但其他人卻沒辦法；做行銷的可以馬上判斷一篇文案有哪裡怪怪的，但其他人沒辦法；做設計的可以迅速找出產品的不合理之處，但其他人沒辦法。這些人為什麼可以迅速的「感覺不對勁」，而其他人無法？原因就出在於經驗量的累積。

「感覺」就是大量的合理經驗所帶來的極速判斷，這也是為什麼這麼多人會誤判的原因，啊就沒經驗，是要判斷什麼啦？所以在我們取得足夠的合理經驗以前，我們需要先建立一些理性的思考模組，讓我們在茫茫情海之中有個依歸。

在諸多的思考模型裡，第一個要說的，就是「機會成本」。

先簡單解釋一下「機會成本」的概念：「機會成本」就是當妳做出A決定時，所捨棄掉的其它選擇，其中價值最高的那個，就是A決定的機會成本。

這樣講很抽象，所以我舉個例子：假設我開了一間店，因為剛開店沒什麼錢，為了節省成本，我決定不請任何員工，一切的事情都自己打理。

表面上來看，我似乎沒花到半毛錢，成本是零。但如果我花三萬元請一個員工，那麼我就可以得到更多時間，或許這些時間，我可以拿去做一份三萬五千元的工作。扣掉請員工的錢，我還多賺五千塊。

所以假設我自己顧店，實際支出雖然是零，但我的隱藏成本卻是三萬五千元，因為我沒辦法去工作；假如請了一個員工，我的帳面支出是三萬元，而那就是我全部的成本了，因為其中沒有其它隱藏成本。所以如果我選擇自己顧店，我的機會成本就是三萬五千元。

「機會成本」的概念能運用的範圍非常廣，不僅是投資理財，日常生活裡也時時會用到。而在戀愛中，我認為它能帶來的最大作用，不是實際算出自己究竟付出了多少的隱藏成本，而是讓我們看到多種選擇的可能性，用更全面的視野來對抗過於不理性的決定。

而最適合採取「機會成本」這個模型的，我認為是個性相對悲觀、保守謹慎、膽小、怕被拒絕的人，不論男女。

有這些特質的人，容易先想到最壞的發展和結果，所以習慣幫自己買保險，盡量打安全牌。但當人在過度悲觀的情緒下，本來就難以客觀看清事實。既然無法客觀認清現況，又怎麼可能做出當下最有利的判斷呢？所以感情裡所謂的安全牌，其實幾乎都是廢牌，唯一能確保的只有：在當下盡可能的不改變現況。

「不改變現況」乍聽之下沒什麼問題，但這就像「妳的薪水不會改變」一樣——雖然不會降，但也不會升。

但感情跟薪水有點不同，我們或許會對現在的薪水不甚滿意，可是只要不太差，多半都還在可以接受的範圍內。但**多數人不能接受感情狀況維持在一個不上不下的階段，通常會希望是1或0，交往或死心。**能接受持續維持未知的曖昧關係的人是少之又少，所以「不改變現況」雖然看似沒什麼問題，實際上卻是個無法滿足任何人的目標。

有趣的是，會這樣想的人很少。雖然人們不斷問：「要怎麼樣才能讓感情升溫？這樣下去會不會冷掉？」但真的要她們進行一些行動時，卻又害怕是否會破壞現在的關係，開始推拖：「可是我怕如果失敗，連朋友都當不成怎麼辦？」

摸著妳的良心，問問妳自己：「妳真的有想跟對方當朋友嗎？」

沒有！相信我，答案絕對是沒有！如果妳想跟對方當朋友，還要升什麼溫？升溫了、交往了，就不是朋友了啊！而且妳現在不就已經跟對方是朋友了嗎？現在朋友就當得好好的，沒事幹嘛去破壞你們的友誼？

這就是為什麼我認為「機會成本」的概念對這群人來說很實用的原因——

當我們滿腦子只想到「做了很大的動作，最糟的情況可能連朋友都當不成」時，卻沒有想到「如果我什麼都不做，那麼我可能可以成功的跟對方當一輩子的朋友，但這輩子大概沒什麼機會交往了」。

滿腦子只想要保住朋友關係的人，**在選擇打安全牌的同時，所要付出的代價就是「失去和對方交往的可能性」**，這就是戀愛裡的機會成本。

當然，因為感情裡沒有任何一件事是說得準的，所有事都不是必定會發生。這不像從三份工作裡挑一個來做這麼的明確直白，在戀愛裡的所有機會成本幾乎都只是可能性，除非現在就是有兩個男人同時問妳要不要結婚，否則妳無法精確的計算自己會得到什麼，以及損失什麼樣的機會。

即使如此，我仍然認為人們必須多思考機會成本的概念，因為它讓我們想到的是「可能性」。或許我們無法明確的計算出機率的高低，但至少我們看得出來某些選擇能創造另一種選擇所沒有的可能。

「要不要主動約對方」是很多女生過不去的關，所以我們用這個選擇作為例子，來看看這兩個選擇的機會成本及可能性（見下頁表格）。

主動約對方	等對方來約
面子（被拒絕很丟臉）	出去的機會（不知道對方會不會約）
情感（被拒絕很傷心）	變熟的機會（同上）
	等待時消耗的青春
	心情（一直想對方怎麼還不約）

從這份表格裡，我們可以看到：「主動約對方」，我們有可能損失的全都是些面子、受傷……之類與「妳怎麼看待自己，或妳覺得別人會怎麼看妳」有關的東西；而「等對方來約」，雖然不確定會等多久，但我能保證妳必定會失去一些青春。如果對方不來約，那麼失去的不僅是青春，還有出去的機會、變熟的機會、升溫的機會、關係推進的機會，以及等待時所產生的焦慮，會連帶讓我們在那段時間裡失去擁有快樂心情的機會（對，妳的快樂也是機會成本）。

所以綜合來說，在一般情況下，我實在不知道女生為什麼一定要等對方來約？我們談戀愛是為了得到快樂，還是為了保住自己的面子？

或許妳會認為：「但最糟的情況，就是又約不出去、又丟臉，心情又差啊！」對，那是最糟的狀況，但如果我們連嘗試的勇氣都沒有，那麼我們永遠只能保住自己的面子和玻璃心，妳理想中的快樂感情、和喜歡的人在一起……等等的夢想，都只能等著看老天爺的臉色。也就是說，妳會讓自己在戀愛關係裡，變成「完全無能為力」的狀態。

我知道很多女生此時會說：「可是太主動的話，男人不是就會不珍惜嗎？

如果他發現我喜歡他，對我的態度就很隨便怎麼辦？」

想想看，如果妳知道妳喜歡的男生喜歡妳，妳會對他變得很隨便嗎？但如果妳知道自己不喜歡的男生喜歡妳，妳可能會對他變得很有戒心、很防備、很冷淡，對吧？所以重點根本不是「他知不知道妳喜歡他」，重點是「他有沒有喜歡妳」。他如果覺得妳完全不可能喜歡他、對他一點好感都沒有，那他也不會來約妳了，因為他也不想被拒絕啊！他「主動約妳」的機會成本，跟妳的是一模一樣的。

還記得前面我說的「感覺是大量合理經驗所堆積出來的高速判斷」嗎？如果妳兩情相悅的成功率不高，那麼請不要在執行策略上過於依賴妳的感覺（但感覺自己「喜不喜歡對方的對待」時，妳的感覺絕對是值得參考的，因為這跟感情經驗沒有任何關係），否則妳有很高的機率會憑著感覺讓妳的感情走進墳墓。

當妳發現在同一時間、同一資源的情況下，只能採取多個行動中的其中一種時，建議妳先思考**機會成本是什麼？對妳來說最重要的是什麼？**盡可能把自己的勝率提高到最大，剩下的我們才能交給命運。

3-3

別再綁手綁腳，談戀愛是有「容錯率」的！

上一篇在講「機會成本」，也就是要大家做出對自己最可能有利的理性判斷。

但事情不可能盡如人意，就算我們努力做出了成功率最高的選擇，有時候還是會不太順利。例如，妳判斷現在主動約對方，是達成「關係升溫」最大可能性的作法，也真的去約了，結果對方剛好沒空，這也是沒辦法的事。

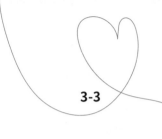

人的一生就是無可避免的無法和運氣脫離關係，不管在感情裡，還是在股市裡，都是一樣的——不管妳再怎麼認真做功課，妳買到的股票隔天都有千百種可能性導致它大跌；不管妳做出了再怎麼正確的選擇、執行得再怎麼完美，對方可能剛好就是心情不好，所以他沒有給予正面的回應。這兩件事情都不見得真的是妳出了什麼問題，可能就是妳運氣不好。

同樣的，也可能因為妳手滑買錯股票，結果隔天它大漲了；或是妳做出一個極爛的決定，但剛好很合對方胃口，所以他對妳的好感度大幅提升。不管再怎麼爛的選擇，有時候都會因為運氣好而得到好結果，這跟實力及決策毫無關係。

我舉個例子：有次一個學生一直在煩惱，自己喜歡的女同事再過兩個月就要調部門了，之後可能沒什麼見面機會，不知道在對方調走前，自己是不是能做些什麼，好讓關係升溫，以便未來能夠保持聯絡。

左思右想後，他決定以慶祝自己發票中一千元為由，請整個小組的同事吃布丁，再把多出來的份也順便請心儀的女同事。

但人算不如天算，到他跟大家說好要請布丁的當天，公司樓下的便利商店居然沒布丁了！他很緊張地問我們的講師：「沒布丁了！怎麼辦？我要不要改買別的？」當時講師建議他：「不然你改天再請好了，不要急著今天。買其它東西很難確保對方的接受度，畢竟你也跟人家沒有很熟，不知道對方喜歡什麼。」

這名學生想來想去，還是決定要在當天執行這個任務，所以他買了優格。結果意外的，大受同事們的好評，他喜歡的女生還很開心的跟他說：「欸我很喜歡這個牌子的優格耶！謝謝！」

當天他欣喜萬分的來跟我報告這個消息，我很替他感到高興，但我告訴他：「這就是運氣好，你別太放在心上。有時候會有好運，有時候會有壞運，不要太往心裡去。」

這麼說不是為了打擊他的信心，而是這真的是運氣好！他沒有任何的情報可以推斷對方喜歡吃優格，這個事件是單純的誤打誤撞。在沒有任何資訊情況下，對方喜歡優格跟討厭優格的機率是一樣高的，換句話說，他今天也很有可能得到對方跟他說：「抱歉，我不吃優格，你送其他人吧，謝謝。」的結果。

這起事件還沒結束。在他走好運後的第五天，公司就因為疫情的關係，宣佈全部在家上班。他幾乎沒有任何跟女同事聯絡的理由。

這次，他走了個大壞運。但這個大壞運跟他本人的決策一點關係都沒有，就是衰而已，就跟他選了優格是運氣好一樣。

運氣就是有可能左右事情的成敗，雖然我們無法確定它究竟影響了多少。

之所以要談論「運氣」，是為了讓妳知道：當妳得到了不好的回饋，也不需要太自責，因為有可能只是妳運氣不好。

我們在談戀愛的時候太容易對自己犯的錯錙銖必較了！更糟糕的是，我們往往沒有清楚意識到自己究竟哪個部分做錯，只是單純的以對方的反應作為判斷依據。簡單來說，我們只是看對方心情在決定自己的對錯。

「以單一結果作為判斷指標」是不具意義的，因為樣本數實在太少了。這就像妳看到我討厭吃香菜，從此認為所有人都不愛吃香菜一樣的不合理。因為一個對象的單一反應，而過度檢視自己的行為，對於關係的幫助可以說是少之又少，而這也是很多人談戀愛之所以不會進步的原因。

假設我今天對喜歡的女生說：「哈哈，妳覺得香菜很難吃喔？我也是耶！」

結果對方臉色一沉，說：「我前男友跟我說過一模一樣的話。」這難道是我能預料到的嗎？難道我從此跟女生說話，都要避免說「哈哈，妳覺得香菜很難吃喔？我也是耶！」這句話嗎？

看這個例子，妳或許會覺得很好笑：「哈哈哈，拜託，誰知道她前男友說過什麼啊！」這就是我看著妳們對自己的一舉一動都過於小心時的心情。

不要看高自己的影響力，也不要忽視運氣的存在，有時候對方的回應之所以不好，跟妳可能半點關係都沒有。就像妳今天在公司被老闆臭罵一頓，回到家妳媽可能多問妳兩句話，妳就對她咆哮一樣。我們都有可能掃到颱風尾，所以**一次兩次的失誤，根本不能成為判斷依據**。

同樣的，如果沒有根據，妳也無法因為單一事件判斷什麼是有效策略，就像我的學生最好不要請每個女生吃優格。

搞笑漫畫《齊木楠雄的災難》裡，就有這樣一個橋段：女A為了製造和喜歡的男生相處的機會，故意不帶傘在門口等男生出現，想和對方共撐一把傘，沒想到還沒等到對方，雨就停了。

因為之前的嘗試處處碰壁，「雨停了」成為壓垮女A戀情的最後一根稻草，覺得連老天都在跟她作對。

就在女A絕望得哭出來時，突然有人遞了一把傘過來。女A抬頭一看，是個不認識的男生。於是女A說道：「雨已經停了。」這個男生看著她說：「但妳心裡的雨還在下。」導致女A心動不已，兩個人便交往了。

在這之後的三個月，男朋友每天都在說：「妳心裡的雨還在下」、「讓我成為妳心裡的按摩椅」……之類的話，最後女A受不了，就分手了。

雖然這是部搞笑漫畫，但我覺得這個橋段其實是愛情裡蠻常見的情況：誤打誤撞獲得了巨大的成功後，沒搞清楚當時只是因為運氣好，便想複製過去的成功經驗，想當然，結果自然不會好到哪去。這也是為什麼我不斷強調單一事件不值得參考的原因——妳根本無法從單一事件裡，準確拆解出導致成功或失敗的因子。既然無法分析，也就沒有過分重視的必要。

但當各種單一事件不斷發生、妳累積了越來越多經驗後，這些事件雖然在單獨存在時不具意義，可是一旦集合起來，可能就會出現參考性，也就是事件的相似性——當類似的情境、類似的話題、類似的語句，多次引發同樣的結果，它就具有參考價值。

舉個例子來說：如果妳跟一個男生聊到化妝品，第一次他跟妳聊得不亦樂乎，這不能代表什麼。但如果妳跟他聊了三次化妝品，他都可以跟妳促膝長談，那麼或許他很喜歡化妝品，或許他很喜歡妳，也或許他喜歡男人。

同樣的道理，妳如果經過某個男同事的座位時，他抬頭看妳，這不一定代表他喜歡妳。但如果每次妳走過去，他都抬頭看妳，那麼請妳先觀察一下他是不是抬頭看每個經過他的人，或是女人，如果沒有，那麼他可能喜歡妳，也可能妳身上有什麼味道讓他不得不抬頭看看。

正面的例子是如此，負面的當然也是。如果妳發現自己晚上傳的訊息，對方過了很久沒回，有可能只是對方睡著了或有事沒看到。但如果妳每次晚上傳的訊息，對方都不會回，那麼有可能是他很早睡、他晚上很忙、他不喜歡在那個時間聊天，或是他老婆在旁邊。

千萬不要試圖用任何單一指標判斷事情，這會大幅提高判斷錯誤的機率。

錯誤的判斷所導致的傷害，遠比沒有任何判斷高太多了。

看到這裡妳可能會想：「好，那如果我就是沒什麼戀愛經驗，沒辦法從過去經驗中得出合理結論。在剛認識新對象，很多事件還沒累積出可以判斷的數量時，我該怎麼辦？」

這個問題，其實就是為什麼我前面要講這麼久「運氣」的原因：既然事情總是難以預料，在無法找出有效策略前，請大膽嘗試各種可能的作法。因為女生在感情裡的容錯率，我認為高達四成以上，而且容錯率會隨著對方對妳的好感度提高。

也就是說，妳和一個男生說十句話，只要妳說錯的話不超過四句，基本上妳們都是可以繼續聊下去的，雖然對話品質無法保證就是了。

這是一件很驚人的事，妳能想像妳手上的手機，每十支就有四支出問題，然後大家還繼續買嗎？甚至如果把設計弄得漂亮點，十支裡有五、六支出問題，人們還是會買單，這不是很驚人嗎？

女生在戀愛裡就是佔了這麼大的優勢！（這點跟男生有點不同，我認為男生只要在關係死亡前，有一件事做得非常對，接下來容錯率可能就有五到六成了。但在那件很對的事情發生前，容錯率或許不到兩成。）

當然，持續只說對六句話的績效，不太可能讓對方產生強烈想要交往的意願，但這對於妳摸索對方的特性、經歷、喜好、模式，是非常有幫助的。只要能夠增加有意義的參考資訊，妳就有更大的機率找出和對方相處更為融洽的方法，成功率理所當然的會提高。最恐怖的事情，是妳因為害怕犯錯，而不敢做更多的嘗試。

沒有嘗試，就意味著妳找不出更多的可能。**而在妳還沒摸索出自己的一套方法前，沒有更多的可能，其實幾乎就代表著妳在戀愛中是沒有成功途徑的。**

所以別太在對方不好的反應，那不見得是針對妳。記得，妳有四成的容錯率，偶爾說錯話也沒關係，只要之後能夠調整，男生真的沒有像妳想像中的那麼在意。

3-4

不再胡思亂想，讓自己愛得更自由！

前面講到了機會成本、講到了運氣，其實都在表達同一件事：感情中的不確定性很高，我們在感情裡，絕大多數的時間都處於未知狀態——不知道這麼做對不對、不知道該不該主動、不知道該不該認賠殺出……等等，全都是未知而且存在風險的。

正因為有太多未知數，為了讓自己感到安心、希望做出最正確的決定，人們會開始試圖預測事件的未來走向，以及企圖釐清當前局勢。

在股市裡，我們喜歡聽老師報名牌；在戀愛裡，我們喜歡找老師算塔羅牌。不管是哪種牌，我們的目的都只有一個——預測未來。

如果能精準的預測到每個未來的事件，或許真的很棒。但問題是，再怎麼準的算命老師都有算錯的時候，股市分析師說的話也不是每次都可信。歷史不斷在向我們證明：永遠準確預知未來是不可能的。

要永遠當個聰明人不是一件容易的事，相形之下，讓自己盡量不犯蠢就簡單得多了。所以既然預測這麼困難，也無法確保它永遠是準的，或許我們該想的不是如何讓自己算得更準，而是盡可能的讓自己在算不準的情況下，也能保持安全。

•能力圈

既然無法預知未來，那麼我們能做的事，就是專注於避險，並且盡可能的發揮自己最擅長的項目。

要成為天才可能不容易，但要避免犯蠢倒是不難。巴菲特有個著名的「能力圈」概念，我認為就是在降低人們犯蠢的機率。簡單的解釋就是：做自己擅長的事，並且不碰自己不擅長的東西。

戀愛也有所謂的「能力圈」，每個人擅長的細項其實都有所不同。舉例來說：我從來不去搭訕，也不教人搭訕，因為那不是我能力圈的範圍。我專長的就是分析當前情況、擬定合理的行動策略、處理細節、提高當事人心理強度、建立良好的長期關係模式。為了不砸自己的腳，我也不會去教約炮或一夜情，那些對我來說都太困難了。

即使我並不精通戀愛裡的每一件事，但我仍然可以談戀愛、教戀愛，而且我非常清楚自己到底不擅長什麼，我認為這就是能力圈概念。

以前我在男生的課裡面，也曾經親眼目睹過學生能力範圍的差異：當時我們試著讓學生對感覺再敏感一點、能試圖感受到能量的流動，所以我們做了一個「閉著眼睛，感覺其他人現在在哪裡」的練習。

有個學生在這個練習裡的表現非常糟糕，不要說感覺人們是否有移動了，他連人們的存在都感覺不到。這件事讓他感到很沮喪。

有趣的是，在下一個「看著女助教的眼神，區辨對方眼神所傳達的訊息」時，這個學生卻看得非常清楚。不僅能輕鬆分辨好感、朋友、厭惡、不屑之類的大情緒，甚至能明確看出各種不同的好感。

我認為比起去感受能量流動，判斷別人眼神所傳遞的訊號才是他的能力圈。如果他想省下最多時間，並將自己的能力發揮到最大值，其實他該做的事情不是跟別人網路聊天，而是聯誼或多出去約會。

我在《撩男術》課程裡也常看到學生們展現不同的天賦：有些人擅於控制自己的聲音、有些人知道要怎麼拿捏肢體接觸的分寸、有些人很懂得設計語句、有些人就長得很漂亮……，每個人有自己不同的優勢，所以我常告訴她們：「妳不需要精通我教妳們的每一種東西，但我希望妳們是有選擇的，不要在想怎麼做的時候，卻沒有能力做到。所以在妳不擅長的項目裡，妳只要能做到『堪用』的水平、只要不會把事情搞砸就行。其它時間請盡量發揮妳的強項。」

當然，在談戀愛的時候，我們不可能完全避開自己不擅長的領域：妳無法因為覺得自己聲音不好聽，就永遠不開口；也沒辦法因為和他人面對面相處時容易害羞，就只跟人家當網友。

當我們無可避免的必須接觸自己不擅長的區塊時，我們必須再結合另外兩個概念——回歸基本＋簡約原則。

●回歸基本＋簡約原則

「如果以簡單的方式就可以達成，就不要複雜化」這是簡約原則的重點，也是我認為在戀愛裡非常重要的事。

大部分的人談戀愛的時候都想太多了，明明可以很簡單的事，硬要把它變得很複雜，搞到最後自己頭昏腦脹，對方也看不懂妳想幹嘛。舉例來說：如果妳想跟對方出去，其實直接問對方要不要一起去就可以了，實在沒必要用太多明示暗示，來誘使對方主動邀約。因為實際上，對方約跟妳自己約，最後得到的結果通常不會有太大的不同。

簡約原則的概念，其實就是「越簡單的事，越不容易出錯」。當然，因為人是很複雜的，所以我們不可能把它簡化得過份簡單。但對於並不那麼擅於戀愛的人來說，將情況和作法盡可能的簡化，絕對會比複雜化來得更有優勢。

舉個例子來說：如果妳想跟對方關係變好，與其想方設法開話題、運用妳不擅長的網聊技巧，千方百計的誘使對方和妳聊某些會讓妳加分的話題，不如運用無敵轉場技「啊，對了」，將話題直接切到妳想說的地方。

任何事情，只要複雜度變高，出錯的機率就一定會提高。同樣的道理也適用於戀愛中：越是複雜的細節處理，雖然有機會達到更高的效果，但除非妳很諳於此道，否則高精度、高複雜度的操作，同樣意味著妳有更高的機率把事情搞砸。

很久很久以前，在DANA還不太會談戀愛的時候，曾經問過她的學佛班老師：「要怎麼吸引男人？」她的老師只說了一句：「對妳喜歡的人笑。」

這句話當時讓DANA滿頭問號，心想：「事情有這麼簡單嗎？」但隨著她對感情的運作原理了解得越透徹，對這句話的體悟也就變得越深，對老師的佩服也越多。

人們說「大道至簡」，我認為就是一種簡約原則。當事情能夠簡單，我們就不需要將它變複雜。越是簡單的方法，執行率越高，出錯率也越低，同時也能夠越普及。

雖然人心很複雜，但只要掌握好簡約原則的概念，掌握感情的幾個重點，即使在自己能力圈之外，我們也可以表現得不差。

而要找出關係中的基本重點，則必須仰賴「回歸基本」的能力——當事情或想法變得越來越複雜，以致於情況變得越發混亂，或當事人開始失焦時，我們必須試著讓自己回到原點，也就是**重新回想起自己的需要**。

在女生想吸引男性，建立交往關係的情況下（為了不讓重點失焦，這裡不討論更廣泛的感情理論），只有三個基本條件是絕對必須成立的：一，**對方有認為妳是個對象**；二，**對方覺得自己有機會**；三，**對方能夠因為妳，而自我感覺良好**。

我們在吸引階段裡，要做的所有事，基本上都跟這三個條件脫不了關係。任何妳想像得到能達成這三個要素的做法，都有可能讓妳與對方進入交往關係。

但在這麼多方法裡，不見得每一項都適合妳的情況，或符合妳的能力，所以此時我們要再加上簡約原則，剃除過於複雜的方式，只留下妳能做得來的。

例如，給綠燈是為了讓對方覺得自己有機會；對對方笑是為了讓對方不僅覺得自己有機會，還能自我感覺良好；請對方幫個小忙，是為了讓對方自我感覺好到爆棚；放電、化妝、打扮、示弱，是為了讓對方意識到妳是個對象；撒嬌是為了讓三者同時成立。

如果妳再把能力圈的概念也套用進來，就能取出最適合妳的攻略方法：妳很會放電，而且笑起來可愛，那麼就常常對別人笑吧；妳很會控制自己的聲線，那麼就常在睡前跟對方講講電話、撒個嬌，或是要對方打電話叫妳起床吧；妳很會建構文字訊息，利用訊息調情曖昧，那麼就多利用訊息的方式向對方丟出綠燈吧！

只要妳能掌握以上幾個重點，即使無法預測對方的心情和想法，也能採取最保險的方式，創造出對方想要更進一步的渴望。

不過這些都是理性的思路及作法，回歸到現實面，人們在談戀愛的時候，就是因為很容易感到焦慮不安，所以才會一直想要預測未來，想知道事情的發展是否可以讓自己安心。

這種胡思亂想很容易徒增內部投資（詳見《是男人沒有眼光，還是妳不懂得發光》），同時也會讓人不斷把各種訊號放大。放任腦中的想像自由發揮，最後妳會得到的不是奧斯卡最佳原創劇本獎，而是各種極端想像所帶來的恐懼或不切實際的狂喜。不論是極度恐懼或是狂喜，都對妳想要的戀情沒有任何益處。

所以在我們檢視完自己的能力圈，並且運用回歸基本+簡約法則創造出自己的基本行動組合之後，下一步要做的，就是釐清控制範圍。

● 釐清控制範圍

「釐清控制範圍」是數年來，我找出對於「抗焦慮」最有效的方法。它的概念很簡單，就是區分出：**什麼是妳能控制的，而什麼不是。**

人之所以會焦慮，就是因為我們總是想控制那些無法控制的。我們害怕事情只要失控，就會變得無法挽回、目標就無法達成，尤其在越恐慌的時候，越容易這麼想。

但冷靜下來稍微想一下就知道：我們其實一直活在大部分的事都控制不了的世界裡啊！明天要不要下雨？無法控制。明天股票會不會漲？無法控制。等下外送員會不會準時送餐來？無法控制。

仔細想想就會發現，人生裡至少有九成的事情，都是我們沒辦法控制的。既然有這麼多無法控制的事，而我們還是好好的活到了現在，那不就表示，「無法控制」就是要與我們一生相伴的常態嗎？

既然現實就是這樣，那麼與其把時間拿去擔憂那些妳無能為力的事，不如把注意力集中在妳能控制的事情上，這會讓生活更輕鬆、也更有機會達成自己的目標。

但這麼做以前，必須先學會區分「什麼是我能控制的，什麼不是」。如果沒有將自己的能力範圍區分出來，那麼就會連自己能做的事都不去做，就只是單純的認命而已。

要區分這兩者的不同，最簡單的方法，就是判斷自己在這件事上有沒有直接控制權。例如：要不要早睡早起，雖然會有一些生理或心理因素阻礙，但因為身體是自己的，所以基本上我們擁有完全的主控權；要不要出門，基本上也完全是自己能控制的。雖然妳可能會說「可是要上班啊！」，但說真的，當有比上班更重要的事情時，妳仍然保有「不出門」的控制權，因為身體是妳的；同事要不要這麼討人厭，則是妳無法控制的，因為嘴長在對方身上，妳頂多只能改變對於同事的解讀，但沒辦法控制對方的行為和想法。

單一事件的區分，對多數人來說都不難判斷，難的是一系列的事件，往往容易讓我們認為問題的根本源頭，來自於第一件事，因此混淆了視聽，忽略判斷自己控制範圍的重要性。

舉例來說，「對方後來不回我訊息了」是一個看起來好像是自己能控制的事，但事實上，「對方要不要回妳訊息」妳根本就控制不了。

有太多可能的因素，會讓對方不回訊息了——對方手機沒電了、手機被偷了、對方沒繳電話費、正在開會、對方書寫不出來連吃飯的時間都沒有了、對方出車禍了……還有其它千奇百怪的理由，都可能創造出「對方沒回訊息」這個唯一事實，所以妳怎麼會認為這件事妳控制得了呢？

雖然事情是這樣，但也不代表妳以後談戀愛只能在家祈禱，還是有妳能做的事——妳可以決定要什麼時候回訊息、要不要主動傳訊息、要傳什麼樣的訊息、乾脆打給對方……等等，妳也有千百種可以應對的選擇，是妳能控制的。

那麼如果已經交往了呢？

比起尚未交往時，我們還會因為彼此關係還未確定，而有所顧慮，交往後人們會因為有了名份，而誤以為自己能夠控制對方——我們以為自己可以控制對方不要跟異性來往、以為自己可以控制對方的生活習慣、以為自己可以控制對方的理財觀念……這些因為世俗觀念所引起的誤會，都會讓我們產生「自己的控制範圍擴大」的錯覺。而這種錯覺，最後往往都是破壞關係的慢性毒藥。

不管妳到底是對方的誰，人都無法控制自己以外的生物，不然哪個父母沒教過小孩不要說謊，又有哪個小孩認真遵守了？不管妳身處關係的哪個階段，「我無法控制他人」的概念，不僅是一個觀念，更是一個事實，因為事實上妳就是做不到。

那麼妳能控制的是什麼呢？妳可以控制要用什麼方法向對方表達妳的感受、

妳可以控制要用什麼語氣向對方表達不滿、妳可以控制要提出什麼樣的方法，來解決妳們之間的問題……，即使在妳盡己所能的做完這麼多，雙方還是無法達成共識時，妳仍然可以控制自己要不要離開這段關係，還是要再繼續努力。

說個小故事：我天生就是個容易感到焦慮的人，一旦事情不如我的預期，我就會非常焦慮。如果在我做了很多努力之後，事情還是沒有改變，我的焦慮就會轉變為絕望。

這樣反覆焦慮、快樂、焦慮、絕望的日子實在太痛苦了。幾年前，為了克服這個問題，我決定打給一個看起來無憂無慮的朋友，詢問她工作不順時都怎麼處理，畢竟工作是唯一可能讓她有煩惱的事了。

「妳業績不好的時候都不會焦慮嗎？」我問。

「會啊，我以前都會幫自己訂業績目標，但後來我發現這太痛苦了。」她說。

「為什麼啊？」

「因為我沒辦法決定客戶要不要買啊！他們如果不想買，我也沒辦法啊！」

聽到這裡，我感到很納悶，因為這跟以往我認知的「業務要有的堅強心理素質」似乎有很大的差異，所以我問她：「那妳要怎麼繼續做這個工作？如果妳都覺得不能控制客戶的購買意願了，那不就很難做業績了嗎？」

「所以我後來就改了目標，改成一天要聯絡六個人。反正我就每天聯絡六個人，他們想跟我聊就聊，不想聊就算了。有些人會主動說自己想了解一些商品，有些會說最近身邊有人需要，有些人會直接約出來吃飯。我發現我一天聯絡六個人以後，那個月突然變超忙的。」

從這個經驗分享裡，我體悟到一件事：人不一定要能夠控制每件事情，才能確保事情會往自己想要的方向前進。當我們把注意力從「無法控制的事情」，轉移到「可以控制的事情」上，會發現不必要的焦慮減少了，也可以更集中精神，把自己能做的事發揮到最好。

胡思亂想跟焦慮，一直是女性戀愛的大敵。為了讓我們能盡可能的發揮自己最大的能力，我們不僅需要增加能力，更需要化繁為簡、集中能量。如果妳一直以來都有「談了戀愛就很焦慮」的困擾，那麼清楚區分自己各方面的能力，並且將注意力聚焦於自己能控制的事情上，絕對是改善戀愛能力的首要任務。

特別篇

避險策略：讓妳的球，丟得更安全

雖然前面提到了「機會成本」和「容錯率」這兩種讓人比較敢於前進的概念，但我知道還是有些人比較小心謹慎，希望盡可能的讓自己再更沒死角一點。

老實說，其實我不認為女生需要擔心自己的好感是否會表現得過於顯而易見，因為人都喜歡被別人喜歡，而且比起女性，男人這個傾向更加明顯。但如果妳真的很害怕，非要確定自己沒有任何被拒絕的可能性才敢行動的話，那麼在優化策略時，妳只需要掌握兩個重點：一，妳的行為動機，必須是以關係為主，而非自保；二，盡量創造模稜兩可的空間。

讓我們先來逐個解釋這兩者的重要性：

之所以要強調「動機必須以關係為主」，是因為大部分的人在陷入恐慌時，都會一直想到「我不要什麼」，而不是「我要什麼」——當對方愛回不回時，多數人想的都是「我不要被討厭」、「我不要冷掉」、「我不要對方就此消失」、「我不要關係結束」。一旦進入這種「我不要」的思維模式，人就會開始採取極端的避險策略，或是慌亂的行動。

當人們只顧著想「我不要」的時候，思維會變得封閉，只想以最快速直接的方式，遠離自己害怕的事物。這種思維模式會讓我們失去該有的判斷力，大腦完全被恐懼所支配，完全沒空想到自己究竟想要什麼。等到恐懼感消退之後，就會開始悔恨自己當初為什麼會做出這樣的決定，導致想要的結果無法達成。

還記得前面說過的「『不要』只是因為想要的要不到」嗎？在恐慌的時候，與其去想「我不要什麼」，不如去想「我要什麼」，反而更有可能讓妳在逆境之中另闢蹊徑。

有一次，一個學生遇到了職場性騷擾，既害怕又難過的她便去向喜歡的男生哭訴。對方不知道是不是想打個圓場，或是基於其它理由，便開玩笑的說：「可是妳又不是女生。」

此話一出，這名女學生更難過和生氣了。在和對方稍微起了點爭執之後，便來問我該怎麼辦。

當下我的第一個反應是要先止血，先讓雙方冷靜下來，之後再若無其事的開個話題，當作這件事沒發生過。但當時不知道為什麼，我腦中閃過了一個問題：「如果是我師父，他會怎麼做？」

教我談戀愛的師父，是個不論在任何絕境之中，都會不斷思考要怎麼逆轉達到自己目標的人。於是我開始模仿他的思維：如果我還是喜歡對方、想和對方交往，那麼現在我要說些什麼，最有可能達到這個目標？

於是我告訴我的學生：「妳跟他說『抱歉，我剛才太害怕了，所以第一個想到你。』」這句話女生都很難理解，但男生聽到都會發出：「哦哦哦哦哦」的聲音。它雖然看似什麼都沒解釋，但又從另一個角度解釋了一切。

在這個事件裡，我的第一反應，就是標準的「我不要」——我想盡可能的讓學生離開最糟的情況，也就是跟對方持續衝突。但止血只是避免了最糟的情形，之後想要反轉局勢仍然非常困難，如果我真的這麼做了，這局的成功率可能會降到低於20%，這並不是我們想要的結果。

為了達成我們的目標，我改變了思考路徑，把重點從「我不要」轉移到「我想要」。當換成「我想要」之後，我考量的重點不是如何防守，而是如何進攻，於是找到了「抱歉，我剛才太害怕了，所以第一個想到你」這個選項。它完全符合了戀愛成立的三個條件：

1. 我是個對象（這裡用「我將你當作對象」，來讓對方想到「我也是個對象」的可能性）。
2. 對方有機會，以及讓對方自我感覺良好。
3. 樹立對方的獨特性，同時示弱（示弱通常可以化解衝突，這在後面的章節會提到）。

即使在避險時，我們還是要不斷記得自己要的是什麼，否則很容易因為一時的恐慌而做出令自己悔不當初的決定。

那什麼叫作「創造模稜兩可的空間」呢？講白一點，就是妳怎麼凹都可以凹得過去，就叫模稜兩可的空間。這個空間就是用來確保妳所需要的安全，如果苗頭不對，妳大可故作鎮定，擺出一副「這很普通」的態度來混過去。

有次我一個生性膽小的學生和喜歡的男生聊天，男生說自己最近很累，於是她就回：「我可以幫你搥背哦！你看我是不是很孝順」（這裡用孝順這個字，是因為前面女生有戲稱男生是媽媽）。

這句話就是標準的在模稜兩可的空間丟球——搥背本身是綠燈，因為我們一般不太會說要幫朋友搥背；而「孝順」這個詞，又可以看成是在開玩笑。所以如果對方有意想接球，就可以讓話題往「搥背」的方向發展，但假設對方不想接球，或是不確定她的意思，也可以當作她在開玩笑的帶過；又如果對方義正言辭的說：「抱歉，我對妳沒這個意思。」她也可以一臉尷尬的說：「呃……我只是在開玩笑而已……你誤會大了」以確保關係不會瞬間炸裂。除非對方直接已讀不回或人間蒸發，否則這句話基本上是一個相當安全的直球。這就是創造模稜兩可的空間。

這個作法的用意在於，對容易膽怯的人來說，可以在稍微買了保險的情況下，嘗試主動做球，而不是要打預防針。

有些人會在給綠燈的同時，急忙先替自己的行為找好藉口。例如：「我會送你這個東西是因為你上次幫我檢查簡報有沒有問題，想說應該要回個禮比較有禮貌，之前又有聽朋友說這個東西不錯，所以想說剛好可以送你試試看。沒什麼別的意思啦！」

創造模稜兩可的空間，妳可以把它類比成推拉法，會比較容易想像。但它跟推拉法不同的地方在於：如果以交通號誌來比喻，推拉法就會是一個紅燈一個綠燈，讓人不確定要不要前進；而創造空間則是給出兩個方向，一個左轉一個直走，不致於互相衝突，但仍然無法百分之百肯定。

我們用下面的例子，來看看一紅一綠和不同方向有什麼差異：

一紅一綠

「你長得很可愛耶，可惜我不喜歡可愛的男生。」

不同方向

「你長得很可愛耶，好像我幼稚園的外甥。」

「你長得很可愛耶」，一般而言，就算不會百分之百是稱讚，至少也絕不會是貶義詞，所以在這裡我們可以將它視為小的綠燈。而在這句話後面，接了一句「可惜我不喜歡可愛的男生」，則是拒絕的意味。這兩者加在一起，就是簡單的推拉法概念。

而不同方向的作法，並沒有明顯否定對方，或表示對方不符合自己的偏好，但卻將對方與「幼稚園的外甥」，這個**跟戀愛顯然很難扯上邊**的人物掛勾。這會讓對方不確定妳是對他有好感，還是用看小孩的眼光在評價他。

我們再看另一個例子：

一紅一綠

「你大頭貼太帥了，害我好想封鎖你。」

不同方向

「你大頭貼太帥了，我會一直想說你是不是去哪盜圖。」

「帥」絕對是個綠燈，但「好想封鎖你」怎麼看都是紅燈。這兩者在毫無說明的情況下被放在一起，通常會引起對方的好奇，而下一句回什麼，則會決定這次的對話給的究竟是紅燈還是綠燈。如果對方說：「哈哈，為什麼？看帥哥不好嗎？」妳回的是：「這樣我開 line 的時候會一直分心，好煩」那就是綠燈；如果妳回的是：「很多長得帥的都很自以為是，噁心」那就是個極具挑釁意味的紅燈（順帶一提，如果妳這樣回答，有高機率會促成這段關係往兩個結果前進：一，跟對方吵起來，對方覺得妳是神經病；二，對方表面上若無其事，心裡決定把妳玩死）。

而另一種回法：「我會一直想說你是不是去盜圖」，嚴格來看，要當作是一個小紅燈也沒有不可，但整體氛圍會更傾向玩笑話。這種玩笑話會因為沒有「我對你的評價」，而往較中性、與戀愛較無關的方向前進。

這兩種作法都有它的功能在——當我們使用推拉法時，通常是期待它出現挑戰感、難攻略、讓對方陷入混亂，分不清到底有沒有好感的效果；而當我們要創造模稜兩可的空間時，主要想創造的效果則是確保關係持平或往上、觀測對方意向、讓對方微微的陷入混亂、幫自己買保險這四種。

但不論妳打算怎麼做，都務必記得上一篇講的戀愛基本條件之一：**對方要覺得自己有機會。**

如果妳遇到的對象臉皮很厚、感覺很油條，那麼妳大可使用推拉法，而且紅燈要比綠燈大（還是要有綠燈哦）；但如果妳遇到的對象就是個木頭或自信不足的人，那妳也要有心裡準備，可能不管妳做再多，他都會認為自己沒機會。妳可能要考慮在確認對方也喜歡妳之後，是否要主動告白，以及認真評估自己有沒有想跟一個缺乏自信的人在一起一輩子。

回到本篇的重點，不論妳想用推拉法、創造空間，還是直球對決，我們都不能忘記的事情是：任何一種避險策略，都是為了讓我們往想要的方向前進。如果我們只是一味的感到恐懼、害怕，與其在此時做出任何行動和決定，不如先停下來，好好陪伴自己的情緒，會更明智而有效率。

Chapter 4

談一場理想戀愛2

——優化策略

4-1 男人無法抗拒的請求方法

說到「請求」，許多女生會覺得似乎顯得很卑微或自己很沒用，但是平心而論，人活著本來就不可能什麼都只靠自己，為了讓生活更加簡單快樂，請求他人協助滿足我們的需要，互相協助是再合理不過的事情。

但此時妳可能會疑惑：「可是我的需要是自己的事、我自己的責任，請別人協助不就是不負責任嗎？」

還記得前面提到的「受責不等於負責」嗎？「負責」只是單純知道這件事

屬於我，最終的結果會是由我來承受，所以我要負起為自己選擇的責任。

「請求他人的協助」並不是要求別人為妳的需要和情緒負責，而是「詢問」**對方是否能幫忙**。

請他人協助自己，讓生命更加豐盛愉快，與負不負責一點關聯都沒有。就像妳不會認為隔壁同事請妳幫忙拿支筆，代表他是個很不負責任的人，對吧？既然我們對於他人能夠如此的溫柔，又為什麼不能這樣對待自己呢？

為了滿足需要，請求他人的協助有時就是其中一種方法，但絕對不是「需要他人來滿足我的需要」。

在前面的章節裡，我舉了一個例子：女生發現自己需要的是別人聽自己說話，而碰巧一個男生回應的速度都很快，所以她就喜歡上對方，但其實她也可以跟其他人講話。

這個女生的需要是「有人聽我講話」，而不是「這個男生聽我講話」，任何一個聽她說話的人，都是協助滿足她需要的策略途徑，並不是目標本身。

在戀愛關係裡，我們之所以會感到痛苦，往往是因為我們把途徑當成了自己的需要，而我們又無法控制他人，所以就不斷的感到失落、難過、絕望、不被愛。這也是為什麼在前面的篇幅裡，要讓大家先釐清自己需要的原因——唯有區分出需要和途徑的不同，我們才能更容易實現人生快樂的目標。

當我們為自己的每一個需要付出行動，其實就是在為自己負責。而請求協助也只是眾多途徑中的一種，實在不用花太多心力糾結。

我有很多學生會不好意思請別人幫忙，不管什麼事情都盡量自己完成。即使明明可以請求協助，也自己在心裡將這個選項打了X，只有遇到真的無法完成、非得請人幫忙不可的情況才會開口。

但這有一個副作用：假設有十件事情可以請他人協助，但其中八件我們選擇了不找別人幫忙，透過自己的力量解決，剩下兩件真的沒辦法的，才開口求助。最後如果對方只答應了一件，即使以「兩件答應一件」的比例來看，答應率是50%，但在我們的感覺裡，卻會將那八件沒開口的也算進去，所以最後我們會認為他人的協助機率是10%。這時候，我們就很容易感到委屈和不被重視。

在我的經驗裡，大部分的人都願意在自己的能力範圍內助人，因為這會讓人產生貢獻感（戀愛基本條件：對方會因為妳而自我感覺良好）。但如果我們不試著去做，那麼體感經驗將永遠停留在「別人不願意幫助我」的印象上。

但即使我們願意開口請他人協助，也不見得會每次都如意。大部分的人之所以不願請求協助，都是怕被拒絕或被討厭。所以在學習請求協助前，我們要先掌握「不會被討厭的請求法」。

而第一步，就是先區分：「我是在請求對方，還是在要求對方？」

「請求」和「要求」有什麼不同

我們可能都有過這樣的經驗：家人對妳說：「等一下可以請妳倒個垃圾／洗碗／買東西嗎？我有事情要出門一趟。」如果妳說：「蛤～可是我等下也有事要做耶！」他們就會很憤怒的說：「妳是沒有住在這裡嗎？這些家事妳都沒有份嗎？」

這時候妳的感覺如何呢？心裡會不會想：「那就直接說叫我一定要去就好了啊！還在那邊假裝問我可不可以幹嘛？」

遇到這種狀況時，我們多半不會太開心，反而會讓「拒絕」的想法更為強烈，因為沒有人喜歡被控制。

而「請求」和「要求」最大的差別，就在於「是否可以接受對方拒絕，而且不會難過、憤怒」。

回想一下，當妳請同事或同學順道幫妳買東西時，如果他們拒絕了，妳會感到很難過或生氣嗎？還是會覺得「哦，他不方便啊？那沒差，我等下自己去就好了。」如果妳完全**可以接受對方的拒絕，那麼妳在做的就是「請求協助」**。

無法接受他人的拒絕，其實等同於「要求他人為我們的情緒負責」，不論說辭再怎麼婉轉都一樣。

只要我們能接受拒絕，那麼別人願意協助、願意和我們交流的意願就會大得多。

妳有沒有過這樣的經驗：有些男生看起來好像在追妳，當他們想約妳出去，但妳不太想的時候，是不是會覺得很難回應？拒絕了怕對方會很難過、以後如果見到面會很尷尬，但又真的不想去。這時候，大多數的女生就會選擇已讀不回、不讀不回、打哈哈裝忙帶過。

因為「知道對方被拒絕會難過」所產生的壓力，不只女生會有，男生也常常感受到。這也是為什麼很多女生關係會不順的原因——用委屈或裝作沒關係的方式，有意無意地讓對方產生罪惡感，好讓對方完成自己的要求。

為了讓其他人和我們相處時，都是自在輕鬆的，首先我們得學會區分請求和要求的差別——釐清自己的需要，找出可滿足的途徑，不再將對方的行動視為滿足需要的唯一方法。如此一來，就能減輕他人因為認為自己被控制所產生的不快。

在我們了解請求和要求的差別後，雖然會試圖去接受別人的拒絕，但還是有可能感到挫折、失落、沮喪，那該怎麼辦呢？

最簡單的方法，就是練習「提高他人協助我們的機率」。只要被協助的次數增加了，體感經驗就會刷新，從「別人沒那麼重視我，所以不會幫我」轉變成「如果對方有能力，其實通常都會幫我。現在不幫我，大概是因為能力不及」，這樣一來，我們也才有辦法真的體諒和接受他人的拒絕。

4-2 撒嬌

在感情關係裡，女生最簡單也最有效的請求方式，就是撒嬌。

撒嬌其實不難，幾乎沒有技術門檻。大多數人做不到的原因，都是礙於心理層面的因素。

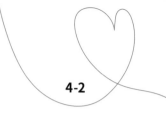

有很多女生會覺得撒嬌是失去自尊、弱勢的作法，有些人則是覺得為了捍衛女權，不該收取任何的性別紅利。

一直以來我都認為，女生在戀愛時會遇到的最大障礙，就是**不切實際的自尊心**——希望對方先主動示好，如果要自己主動，就覺得是低頭，所以要求自己什麼能力都要優於男人，也不願意讓男人自我感覺良好。最怪的事情是，與此同時，又希望有一個能夠好好照顧自己、呵護自己的男人，否則又覺得對方不夠愛自己。

每次看到這樣的思維衝突，我都滿頭問號，我實在不明白，到底為什麼要這樣為難自己呢？讓別人服務妳，妳也以態度取悅他，這樣不是很好嗎？如果一直無法接受他人的好意，又要怎麼談一段能夠滋養自己的戀愛呢？

說個小故事：

我有個學生，她認為凡事都要公平，尤其是女性應該放棄所有性別紅利，否則在父權主義之前是永遠抬不起頭的。

對於她的理念，以及她貫徹理念的生活方式，我由衷的感到敬佩。但這樣的想法卻沒有讓她的人生變得比較快樂，如此堅決平等的理念，讓她不願意收下來自他人的好意。但因為沒有接收到實質的好意，在關係裡她一直沒有被滋養到，所以也常常會感到憤怒和委屈。

有一次我跟她說：「妳知道我們家很不平等嗎？我家的家事幾乎都是我在

做的，因為我女朋友工作很忙。」她有點吃驚，於是我又繼續說：「但我們都沒有覺得不滿，兩個人都過得很開心。因為我喜歡家裡乾淨，然後又希望對女朋友有所貢獻，加上我也不討厭做家事，所以我做得也蠻開心的；我女朋友則是因為工作很忙，有人幫她分擔家事，她也覺得輕鬆很多。所以雖然我們的家務分配看起來很不平等，但沒有任何一個人受害，兩個人其實都得利了。」

聽完後，她陷入了一陣沉思，我接著說：「妳沒看過這種事對不對？」她點點頭說：「對，我沒聽過，所以我現在覺得很難想像。」

我說：「這就是我以前跟妳說的，我覺得男女之間，重點是雙方是否都能過得很舒服開心。妳想想，我女朋友已經工作這麼忙了，如果還要為了公平，撥時間出來做家事，對她來說不是太辛苦了嗎？反正我也閒閒的，做點家事我也沒差。完全的公平不見得能讓每個人都開心，因為每個人的狀況都不一樣。」

我認為「不執著於某個特定的形式，而是找出最適合現況的作法」，是個更能因應每種情況、配合每段關係的方式。一味的追求齊頭式平等，或只重視自己的尊嚴而忽視了真正的現況，並不會讓關係變得更舒服，只會讓妳因為沒有具體的接收到愛而枯萎，而對方也會因為無法對妳有所貢獻而感到沮喪。

男人想要的是可愛的女人，不是難以討好的女人。而妳有一百種方法，可以在保有自尊的情況下，讓對方來協助妳的生活變得更豐盛，撒嬌就是其中最管用的一種。

或許有些女生會說：「可是撒嬌不就是向對方低頭嗎？」傻孩子，妳仔細想想，「撒嬌」到底是誰要聽誰的？

小孩撒嬌說要抱抱，是大人要聽話去抱他；女兒跟爸爸撒嬌說要 iPhone，是爸爸要從自己的錢包裡掏錢出來買；女朋友撒嬌說想要吃鹹酥雞，是男朋友要出門或訂外送才能買到。所以到底撒嬌是誰要服務誰？

沒有比撒嬌更讓人感到愉快的請求了！與其板起臉來命令對方，或是自己委屈的去做，撒嬌能同時讓雙方感到滿足耶！撒嬌的人得到了自己想要的，被撒嬌的人覺得自己滿足了對方而產生貢獻感和價值感，這根本是個雙贏的局面。

就連我去買床單的時候，都會跟女店員撒嬌，拜託她送我洗衣袋，妳們身為女性，卻不妥善利用自己的天賦，豈不埋沒了它嗎！

相信我，撒嬌不僅是讓男人用行動取悅妳，也是妳用態度取悅他。妳並沒有虧欠對方，因為在取悅妳的同時，對方也得到了滿足。

如果妳不擅於撒嬌，只要記得一個簡單的公式：拖長音＋語尾上揚。例如：「拜託～～～」、「幫我～～」、「好想吃冰喔～～～」，我都這樣拜託老闆娘算我便宜一點。

如果是在訊息上，則是使用全形的波浪，也就是「～」這個符號。波浪本身就自帶拖長音的音效，所以最適合使用波浪的時機，基本上就是想表達開心和撒嬌的時候。

不過有個常見的標點符號，很容易被誤用在撒嬌的情況，那就是「……」。（我現在說的不僅是訊息，也包含了實際上的語氣）

如果妳把「拜託～～～」跟「幫我～～」換成「拜託……」跟「幫我……」，還勉強可以達到裝可憐的效果。但如果把「好想吃冰喔～～～」換成「好想吃冰喔……」就會變得很哀怨，好像妳真的很可憐一樣。

還記得前面提到的「男人喜歡開心的女人」嗎？請用開開心心的方法撒嬌，

讓對方能夠用更輕鬆的態度去面對妳的請求，而不是用很委屈很可憐的方法增加對方的罪惡感，讓人覺得如果不滿足妳就是自己的錯。

如果妳覺得真的很不擅長，那可以對著鏡子，練習拖長音跟語尾上揚，然後先從女性朋友開始練習，看看她們的反應（妳也可以告訴她們妳正在練習撒嬌）。下一步，則是從公司的男同事做起，請他們幫忙妳一點小事，例如去樓下買東西的時候順便幫妳買星巴克，試試看他們的反應有沒有不同。

當這些循序漸進的練習都看到效果之後，妳可以再從妳不是很有興趣的對象開始做起，最後再進展到妳有興趣的對象。

要達成雙贏，請記得前面說的「請求而非要求」。我曾經聽過有女生想表現撒嬌，所以對著對方又哭又打，得到的結果當然是對方傻眼。她不僅沒得到自己想要的，還非常有效的破壞了關係。

她的撒嬌之所以不奏效，我想並不是因為撒嬌這個方法沒用，而是當時她是以哀怨、委屈、受傷的情緒，要求對方兌現承諾。這就是創造罪惡感。

罪惡感和貢獻感是兩種截然不同的東西，雖然兩者都有很高的機率驅使別人達成自己的目的。罪惡感會讓人想遠離，貢獻感卻會讓人想靠近，就像業績不到要扣底薪，跟業績超過會加獎金的區別。

戀愛的基本條件裡有一條：對方會因為妳而自我感覺良好。撒嬌、貢獻感，就是能有效建構這一要素的方法。反之，罪惡感或許能在某些時刻奏效，但如果對方本來就對妳沒有好感，施加罪惡感只會讓對方對妳產生厭惡。即使妳當時的目的達到了，以長期來看，也不是一個良策。

4-3

清楚的提出請求

在請求方法中，雖然我覺得撒嬌是可以不分親疏遠近的絕招，但有些情境或許不太適合，例如妳現在正打算和對方談論一件嚴肅重要的事，可能就不會想用撒嬌的方式來解決。那遇到這種情況時，該怎麼辦呢？

這時候，我們就要用另一個使用性更廣泛的方法：清楚的提出請求。

要提高他人協助我們的機率，有三個要訣：明確、正向、具體。而這三者都成立時，就是「清楚的提出請求」。讓我們來分別說說這三點：

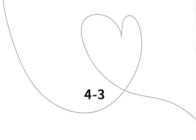

●明確

在我所觀察到的情侶爭執的情況中，最常出現的第一個問題，就是「表達得不明確」——被提出請求的一方，完全無法了解對方到底需要什麼，也就無從施力。

有次，有個女學生因為男友不帶自己去看醫生，和對方大吵了一架。學生還跟我講到男友都會帶前女友去看醫生，所以不管男友再怎麼道歉、表示自己只要有空也會帶她去，女方都不買帳。

當我問到學生是什麼感覺的時候，她也只是不斷糾結於：「為什麼可以陪前女友去，就不能陪我去？我很生氣，覺得他根本不愛我！」

於是我慢慢的陪她梳理自己的想法和感受，最後她說：「因為我覺得我們也交往好幾個月了，怎麼好像他還是比較愛前女友，那我們這幾個月的感情算什麼呢？」我問：「所以妳是很難過嗎？」她說：「對。其實我也對自己很生氣，覺得為什麼我肚量不能大一點，就接受這件事就好，還要為了這種事跟他發脾氣。」

如果她在衝突的當下，就能直接表達：

「之前聽到你說，前女友生病時你會帶她去看醫生。但這次我生病的時候，你卻無法陪我去，我覺得很害怕也很難過，我擔心你是不是比較愛前女友？同時我也很生氣，因為我認為自己肚量很小，居然為了過去的事情這麼難過和生氣，我不喜歡自己這樣。」那麼我想，這個架應該是完全吵不起來吧！

明確的說出自己看到或聽到什麼、產生了什麼感受、有什麼樣的想法，是讓別人理解妳的第一個步驟。一旦他人了解了我們的感受和思考邏輯，就會比較願意提供協助。

我有個學生曾經順利的用這個方法，解決了和男友之間的問題：她的男友有一個關係太過要好的女同事，兩人之前曾經因為這名女同事而發生許多爭吵。雖然後來男友有盡量跟女同事保持距離，而這名學生也好好的修復了和男友的關係，但對於這個女同事，學生的心裡還是有些疙瘩。

有天，她突然看到男友玩起了之前和女同事一起玩的遊戲，她感到很不安，但又很怕如果和男友提起，又會像以前一樣有衝突。

左思右想後，她發了一個訊息給男友：「看到你玩了那個遊戲，我感到很不安，因為之前是那個女同事找你一起玩的，我很害怕是不是你們關係又變好了。」雖然她沒有明確的向男友提出請求，但至少她很清楚的說明了自己的感受和原因，並且沒有指責男友。

後來男友很快地向她解釋：「沒事啦妳放心，我只是突然想玩這個遊戲而已，因為其實還蠻好玩的，跟女同事沒關係的。」聽完男友的解釋後，她就放下心中的那塊大石，而男友也繼續玩他的遊戲。

人們總是希望別人有讀心術，如此一來，就不需要親口說出那些難以啟齒的想法和需要，別人就能自動了解，並且滿足這些需要。

但我們必須面對現實：沒有人有讀心術，而默契也並不總是可靠。如果有想要的東西，就得靠自己的力量，好好表達、說得清楚，別人才有機會協助。

所以清楚明確的表達，絕對是提高他人協助機率的首要步驟。

● 正向

人不見得知道自己想要什麼，但多半知道自己不要什麼。所以在我們的語言習慣裡，常常說出「不要」二字，卻很少說出「我要」。經典例子就是：「今天晚上要吃什麼？」「隨便。」「吃飯？」「不要。」「吃麵？」「不要。」「那妳想吃什麼？」「都可以。」

但不管妳知道再多個「不要」，都沒有辦法保證妳會快樂。不吃飯、不吃麵，最後吃的東西也不見得是妳想吃的，可能也只是個「能接受」的選項罷了。

要獲得快樂，知道自己需要什麼至關重要。而人們需要的，也從來不會是「不要」什麼。

在前面章節裡說過：「『不要』只是滿足需要的其中一種途徑，每個『不要』都只是因為想要的要不到。」

「不要」是充滿漏洞的。當妳封鎖了一個途徑，還會有千千萬萬種方法可以讓妳的需要無法被滿足。

舉個例子來說，我看過一些頑皮的小朋友，當他們玩得太瘋的時候，叫他們不要講話，他們會聽，但可能改成哼歌。當妳火大起來，他們就會說：「我沒有講話啊！但妳又沒說不能唱歌，啦啦啦～」。如果妳再叫他們不能唱歌，很快他們就會開始敲打東西。妳會發現，不管叫他們不要做什麼，他們總是能發揮創意變出各種惱人的新花樣。

有時候別人惹火妳，不見得是故意的，只是因為妳跟對方說了「妳不要什麼」，卻沒說「要什麼」，所以對方不知道該怎麼做才好，只好找點可能會讓妳好一點的作法，沒想到妳卻更火大。

我有個學生喜歡的人是公司同事，所以他們的話題，很常圍繞在公司或同事的事情上。

某次女生到男生家作客，男生又說起了同事的事情。當時女生正苦惱於工作的壓力，並不想在下班後還想起工作，於是在很焦慮的情況下，有點兇的跟男生說：「我現在真的不想再談公司的事，我一點都不想在下班後想起公司，我最近工作壓力真的很大，完全不想想到工作。」

男生馬上陷入驚慌，連忙說：「好好，不講。」接著人就不見了。

幾分鐘後，他從廚房端著一盤水果出來，說：「來，那不然妳吃水果，來，吃水果。」

當時女生簡直氣瘋了，覺得對方怎麼可以這麼白目，到底為什麼現在要吃水果？！

在她向我抱怨的時候，我跟她說：「這不是他白目啊，是因為妳只跟他說不要做什麼，可是沒跟他說要做什麼。妳看，妳叫他不要再講公司的事，他就真的沒講了，可是他不知道現在要幹嘛比較好，所以就跑去切水果了。如果妳是跟他說：『我現在因為工作壓力很大，不想談工作的事，**你可不可以就安安靜靜坐在我旁邊陪我一下？**』他保證會乖乖坐著不動啊！」

告訴別人妳「不要什麼」，並不會讓別人猜到妳「要什麼」。所以為了自己的快樂著想，在請他人協助時，務必使用正向的用辭，讓別人知道妳想要的究竟是什麼，這才會讓對方有更高的機率好好協助妳。

● 具體

在明確知道自己的需要，並將它轉換成正向的詞彙後，接下來我們要做的，就是找出具體執行的方法。

當我們需要他人協助時，「具體該怎麼做」是非常重要的環節。因為每個人的認知和感受並不相同，如果不將請求具體化，事情的完成度很有可能會跟我們的預期有落差。

我有很多做設計的學生，他們會告訴我，在他們的工作裡，溝通成本佔了很大一部分的工時。為了要明白業主心中的活潑、大器、溫暖，甚至是綠色是什麼樣子的綠，必須在事前先經過非常多的溝通，以確保彼此的認知一致，才有辦法做出業主滿意的作品。

認知的落差會造成很大的溝通問題，我最常聽到的經典案例就是：陪伴時間不夠。

我不知道聽過多少女生告訴我，希望男朋友能花更多時間陪伴她。但不論怎麼講，總是徒勞無功。

那她們都是怎麼說的呢？不外乎是：「你就不能再多花一點時間陪我嗎？」「電動難道比我重要嗎？」「我希望你可以花更多時間陪我」……等等。

這些句子很常見，我平均每個禮拜會在網路上看到十次、親耳聽到一次，現在讀著這本書的妳，可能也聽過、說過。這麼普遍、大家都使用的句型，為什麼不會奏效呢？

人生跟買家電不一樣，不是大家都買就表示很好。有很多事情，「普遍」不代表「正確」，只是大家都習慣這麼做罷了。當大家都這麼做的時候，在耳濡目染之下，我們也會不自覺地採用這些方法來試圖解決自己的困境。

讓我們來一個一個解析，這些不斷出現在我們日常生活中的句子，究竟出了什麼問題吧！

你就不能再多花一點時間陪我嗎？

這句話本身就隱含著**指責**，會在第一時間激起對方捍衛自己的欲望；再者，它是一個**問句**，本身就會引導對方回答問題，所以男朋友很有可能會答：「我有啊！我每天陪妳四小時還不夠嗎？不然到底是要多久？」然後爭執就開始了。最後結果多半是女方覺得委屈、不被愛，男方覺得挫折、憤怒，認為對方無理取鬧。

電動難道比我重要嗎？

這句話也是個問句，對方會直覺地回答這個問題，但當事人想知道的，根本不是電動有沒有比自己重要，而是「請你更重視我」。所以即使對方解答了這個問題，說：「對啊，我覺得電動比妳重要哦！」當事人也不會感到開心，因為她需要的並不是「明確的資訊」，而是陪伴。

我希望你可以花更多時間陪我

這算是這三個例句裡最冷靜、最明確的範本了。但還是不夠，因為它並沒有清楚定義「多一點時間」是多久？以及具體來說，要怎麼個陪法？

我最常遇到的，就是女方認為男朋友陪伴的時間不夠，但男方則認為：「我每天有四個小時跟妳待在一起，還不夠久嗎？難道要我不去上班，每天在家陪妳，其它事都不用做嗎？」

那麼問題到底出在哪呢？是女生貪得無厭嗎？

不，根據我的經驗，狀況通常是這樣的：男方在打電動，但女方如果有說話，就會給予回應。在男方的認知裡：雙方同處一個空間，且會互相搭理，就叫陪伴。但在女方的世界裡，沒有人認為這叫作陪伴。

「那妳覺得對方怎麼做，妳才會感受到陪伴呢？」當我問起這個問題時，女生多半會回答：「我想要他放下手邊的事情，專心聽我說話。」

「那麼這種『放下手邊所有事，專心聽妳說話』的時間，每天要多久妳會覺得足夠呢？」出乎意料的是，幾乎每個女生的答案都在三十分鐘之內。也就是說，男生只要能夠不打電動、不看漫畫，好好的聽女生講三十分鐘的話，接下來的三個半小時裡，就不會有人來煩他了。

但幾乎沒有一個女生能夠清楚的說出：「我希望每天我們能有十到三十分

鐘的時間，雙方可以放下手邊的事物，專心聽對方說話。」

因為我們無法明確且具體的告訴對方我們需要什麼協助，所以別人才無法協助我們滿足需要，而不是他們打從一開始就不願意。

很多情侶都是因為不知道自己的需要，也無法明確具體地告知對方，才產生了需要一直無法被滿足、在關係裡持續感到委屈和不滿的現象。這樣的事情只要一再發生，就會漸漸產生「我們是不是不適合」的念頭，而感情也宣布終止。

為了讓請求具體化，我們可以用陳述客觀事實的方式來表達，也就是：不帶形容詞。

某天我在讀日本知名的數學教授西成活裕博士的《真希望國中數學這樣教》，看到了一個我沒想過的思路。

西成博士在書中說道：「我認為數字最一開始被發明，是為了要讓所有人能製造出一樣的東西。假設A對B說：『幫我做個跟手掌一樣大的盤子吧！』A和B的手大小不同，做出來的盤子就會有大小差異。但如果精確的說：『請做一個五十公分大的盤子吧！』那麼就人人能做出來了。」

是的，任何的形容詞都有機會產生誤差，例如「多一點」、「等一下」，都是很容易造成**認知落差**的詞彙。為了將誤差值降至最低，我們勢必得用最精確的方式來向他人傳達。除非對方會通靈，或是感知和妳很類似，否則形容詞只會創造更多的誤會，對於滿足需要並沒有太大的幫助。

如果妳希望對方可以幫忙做家事，請不要說：「你以後可以幫忙做點家事嗎？」這太不明確了。請將妳希望對方做的項目和頻率明確的定義出來，例如：「以後可以拜託你每個禮拜二和五的時候倒垃圾，然後一個月洗一次浴室嗎？」否則對方可能只會在心血來潮的時候，把茶几整理好，就跟妳說他有做家事了。

將妳的請求，化為具體可執行的方法，這樣別人才有辦法以妳想要的方式進行協助。

完整的請求協助長什麼樣子？

上述的三個要訣，分別有著不同的意義：「明確」能讓對方更清楚妳的狀況，當妳提出的策略無法被執行時，對方也能試著找出其它策略，來協助妳滿足需要；「正向」能讓需要更容易被看見，同時也消去了指責對方的意味；「具體」則是讓對方知道該如何執行，減少雙方認知上的誤差，也省去對方思考策略的時間，和「需要不被滿足」的可能性。

那麼一個完整的請求協助，可能會是怎麼樣呢？

說個我個人的經驗：

因為女朋友很忙的緣故，基本上除了洗衣服以外，家事都是我在做。

某個禮拜，我因為工作的關係，感覺心裡很疲勞，於是我就向女友提出了請求：「我最近工作遇到了一些不太順利的事（客觀事實），我覺得心很累（我的情緒），我想我需要乾淨的空間，和一些休息時間（需要）。我可以拜託妳這個週末幫忙做些家事嗎？只要把妳用過的碗盤洗掉就好（具體的執行方案）。」

因為我清楚的說明了自己的狀況和需要，於是我在女友的協助下，渡過了一個不用做太多家事、能夠好好休息的週末。

但如果我是告訴她：「為什麼妳用過的碗都不洗？做家事的人很累耶！妳不覺得自己這樣很自私嗎？我已經夠累了，為什麼還要做這麼多事？妳有沒有想過我的感受？」以我女朋友的個性，大概不會跟我吵架，只會一直道歉，然後懷著強烈的罪惡感去做家事吧！

可是**讓對方有罪惡感，真的是我們想要的嗎？**如果我們能夠用更簡單明快的方式，讓自己感到舒服愉快，又為什麼一定要透過指責別人的方式，讓人聽從我們的請求呢？如果我們能整理好自己的想法、情緒和需要，簡單平靜的提出，那麼是不是很多不必要的爭執都會消失呢？是不是**關係就能變得更加愉快**呢？

很多人在成長的過程裡，因為經歷過太多次無人協助的失落感，導致他們不願意再對「向他人提出請求」做些努力或嘗試。但我覺得這很可惜，因為人們之所以沒有提供協助，有時候並不是不想幫忙，而是沒有能力——他們不知道妳究竟需要什麼？又要用什麼樣的方式妳才會開心？又或是更直接的現實阻礙，導致他們沒辦法幫到妳，並不是他們不願意。

「增加他人協助妳的能力」，正是為什麼要練習好好提出請求的原因，這不是為了任何人，而是為了妳自己。

「請求協助」並不是弱小的表現，而是讓自己快樂的一種方法。當我們快樂了，自然也就有更多的餘裕，能夠去協助其他人，或是創造出更舒服的相處氛圍。

特別篇

衝突：仔細聆聽，衝突背後藏著重要關鍵

在開始討論衝突之前，我想先說個小故事：

前陣子，我們家族的人在為了「阿嬤是不是要去打疫苗」進行討論。大家雖然各有各的意見，但都是為了阿嬤的身體健康著想，所以一切都相當平靜的順利進行著。

到了後面的一個環節，我想徵求大家的意見，但發問後一直遲遲沒在家族群組中等到回覆。又過了一陣子，有人提出一些比較有效率的作法，但隔了一

天之後，還是有半數的人沒發表意見。

當時我很困擾，因為我不知道沒發表意見的人，究竟是同意還是反對？如果反對的話，又是基於什麼考量和需要？在沒有資訊的情況下，我沒有辦法再去改良現階段的作法，所以我不知道怎麼辦才好。

就在我苦惱的時候，一個表姐開罵了，她認為其中一個長輩的作法很不尊重人。在她罵完不久，另一個表姐回擊了，表示大家說話應該客氣點，要理性討論。這是個實實在在的衝突場面，隔著螢幕都能聞到火藥味。

在衝突稍微平息之後，陸陸續續地開始有人表達自己的想法，於是我參考大家的意見，最後找出一個或許更適合現況的方式。

聽完這個故事後，妳覺得「衝突」是個怎麼樣的東西呢？

很多人都很害怕衝突，因為人們相信衝突不會有什麼好事，只會破壞關係，或讓事情變得更糟，所以會想盡一切可能的避免它。我相信我的家人們就是這樣想的，所以才會選擇不表態。

但我們之所以害怕某些東西，不見得是它真的這麼有害，更多時候，是因為我們不知道該怎麼辦。

對我來說，衝突不見得是壞事，因為有時候，人們就是要在忍無可忍、極度憤怒的情況下，才願意說出自己的想法。只要能知道對方的想法，我們就有機會找出解決之道。

衝突並不可怕，而且也無法避免。別說與人之間的相處了，我們時不時都在和自己起衝突。有些時候衝突是必要的，為了讓我們更了解彼此的想法，即使撞擊出了火花或火藥，也好過什麼都不知道，最後彼此越來越疏遠，或把事情搞得一團糟。

所以與其躲開衝突，不如好好學習要怎麼面對它，會對我們的人生來得更有幫助。

那麼該怎麼面對衝突呢？「同理」是個很好的方法。

每個人都有自己的情緒和需要，而衝突多半來自於需要不被滿足。所以我們只要能夠理解自己當下的感受和需要，同時也聽明白對方當下需要什麼，就有很高的機率能用更平和的方式化解衝突。

在上一篇講到：人們有時候不是沒有意願幫忙，而是沒有能力。為了讓自己的需要更容易被滿足，所以我們要學習如何更明確的提出自己的需要。

那會不會有時候，對方也不是沒能力，而是真的沒意願幫忙呢？有，絕對有。而且比起「對方沒有能力幫忙」，我們對於「沒有意願」，往往更容易感到憤怒和無力。因為我們會認為，對方之所以不願意，完全是針對自己。

為什麼會出現「沒意願幫忙」的情況呢？是因為對方很壞嗎？

其實呢，我認為人都需要貢獻感。正因為如此，人們才會一直去做善事。當我們認為自己做了一件對他人有幫助的事情時，會感到溫暖、開心、振奮，也會因此更欣賞、更喜歡自己。所以我認為，人的本質真的是樂於助人的。

之所以會出現沒有意願的情況，其實是因為當事人的某些需要沒有被滿足，才沒有心力去協助他人。

還記得很久以前，我爸想跟一個親戚借錢，但被拒絕了。當時我爸很生氣的跟我說：「為什麼他有錢買 BMW，但沒錢借我？」

以這個例子來說，我想這名親戚需要的是信任跟安全感。印象中當時我爸借錢的理由不是什麼急用，再加上一直以來他的狀況都不太穩定，看在對方的眼裡，大概很擔心自己的錢會打水漂吧！

但當時我爸並沒有這麼想，他只是對於對方不借他錢感到很生氣，認為對方有錢做其它消費卻不願意幫他，是因為看衰他。

這其實也常是我們面對他人不願意給予協助時的反應：覺得對方不重視自己、自私自利、無情無義、忘恩負義……等等。但我們很少換個角度去思考，究竟對方是什麼需要沒有被滿足，所以才不願意協助。

借錢算是個相對明確的狀況，在感情裡，我們更常看到的是「賭氣」──某一方請求一些協助，另一方卻好像為反對而反對。例如女方向男友說：「今天下班你可以來找我嗎？我很想跟你把昨天吵架的事說清楚。」男友卻說：「不要，沒什麼好講的，再講下去也沒意義，直接分手就好了。」

情侶吵架時，賭氣的情況實在是屢見不鮮，而且不知道為什麼，大家特別愛用「沒必要」這個字。

有次一個男生來問我挽回的問題，他說他不管怎麼跟女友講，女友都只會一直回：沒必要、不用吧、沒什麼好見的。在聽完他們的情況後，我和他一起整理出了女友以前說過在意的事，仔細找出在這些事情背後，女友的需要到底是什麼。具體找出對方的需要後，女友的態度就和緩了許多，也開始說出自己的想法。

在這個案例裡，女方需要的是被看見、尊重和重視。因為以前說過很多次的事，對方不僅恍若未聞，還一直自說自話，所以最後女方感到無力、挫折、沮喪、難過，甚至對這段感情絕望，才導致分手的局面。

這時候，男方不管再怎麼說服她，用處都不大，因為這正是男方一直以來在做的事。所以我們必須反過來，先同理對方的需要、好好聽對方把話說完，等對方的需要滿足了，才會有心力協助我們。

要解決「沒有意願」的方法，並不是無奈的接受一切，而是先接受對方目前不願意、接受對方有自己的需要，再透過同理的方式，看到對方的需要。

同理是什麼？

很多學生問我：「同理心到底是什麼？」

同理是專注的聆聽對方，就這樣。聽起來再簡單不過，但我必須說，「完全專注的聆聽」，是一件非常不容易的事。

我自己也常常無法做到同理別人，尤其在我無暇照顧自己的時候。當我很累、很餓、心很疲憊的時候，都會很想用更快速的方式解決別人的問題和情緒，例如勸告或分析。

當別人向我們訴說任何事情，尤其是不好的事的時候，我們通常會選擇安慰對方、跟對方比慘，好讓人家好過一點，或是說個自己的故事，試圖轉移對方的注意力。不然就是同情對方，或說教、勸告、分析。我們實在很少做到只是完全專注在對方想表達的事物上，而不摻雜任何自己的判斷和情緒。

「專注的聆聽」通常不是我們在與人對話時會做的事。我們習慣說些安慰對方的話：「你已經盡力了，不要這樣想」，或是同情對方：「噢，你真的好慘」。

能做到上述的安慰方式，已經算還不錯的了。許多講求效果率的人，會採取更粗暴的作法，例如質問：「那你為什麼不罵他就好了？真是膽小鬼」，或是勸告：「這種時候，你就應該XXX，這樣對方才會聽你的話」，或是說教：「你應該更正向一點！只要把它想成生命的禮物，就能好好接受了」，不然就是乾脆關起耳朵，讓對方住嘴：「別想太多，事情會好起來的」。

基於工作的訓練，我養成了「找出問題，找出解決方法」的思維模式。這個習慣幫我和客戶省下了很多時間，但並不是每次都管用，尤其當我不知道對方到底需要什麼的時候。

有次一個學生傳訊息給我，跟我說工作上遇到一些事情，她很生氣，想要有人聽她說話。當時我正在忙，沒注意手機，一回過神來，發現已經多了三十幾個訊息。

在一般的情況下，我會告訴對方：「那妳就怎麼怎麼想吧」，或是提出一些解決方法。但碰巧當時我正在練習同理，於是我試著仔細聽聽她怎麼說。

「因為報告被批評，所以妳覺得很生氣嗎？」我試著這麼問。

「對啊！我知道自己做得沒有很好，但我就真的沒有這麼多時間啊！工作上有這麼多事情要趕，報告一個接著一個。每次要做報告就要再去研究論文，或翻原文書來看，我已經把週末時間全部用在準備報告上了，還要我怎麼樣？上次說我報告沒重點，這次我把重點全都挑出來了，我不過就是漏看了一個東西，有必要把我講得這麼一文不值嗎？」

「妳覺得自己已經盡力了，但還是被批評，妳感到很委屈，是嗎？」

「對啊！我也知道我做得不夠好啊！但我真的已經很努力了啊！為什麼就不能看到我的進步和努力，而是要一直拿這些不重要的事來挑我毛病？」

「妳覺得妳需要肯定嗎？」

「我不指望我能得到肯定，我也知道自己做得真的沒有很好，但我已經很努力了，至少也不要說成這樣吧！」

「那妳是覺得自己已經很努力了，希望至少自己的努力能夠被看見嗎？」

她思考了一下，說：「我想你說得對，我希望我的努力可以被看見。」

「嗯……雖然我不是妳的同事，我這麼說妳可能並不稀罕，但我認為妳已經很努力了。面對之前工作上的不順利，雖然要去收拾那些事情很痛苦，也很難面對，但妳還是嘗試著去做了。報告也是，工作雖然很忙，但妳還是試著擠出時間，盡量把它完成。我們一路走來，我知道妳已經很努力了。」

我說完後，她就大哭了一場。哭完後，她跟我說：「我覺得我好多了，謝謝你跟我說這些。下次我會花更多時間準備，我不想再被人家說話了。」

這段過程大約花了一小時的時間，比起我一般的處理方式來說，真的長了很多，但效果卻是我用其它方法說破嘴都達不到的。對方需要的並不是我告訴她怎麼解決問題，而是有一個人能看見自己的感受和努力。

該怎麼做到同理呢？

同理最困難的地方，就在於「不帶任何主觀想法，只是全神貫注的聆聽」。

我們要做的並不是去對對方的處境感同身受，或認同對方的想法，我認為需要的是「將注意力放在對方的需要上」。

人類的注意力少得可憐：當妳緊盯著自己的手機，思考怎麼回覆手機另一端的人，就有很高的可能性，會讓妳聽不清身邊的人在說些什麼。

所以如果我們將注意力集中在「對方是如何針對我」，就會強烈的產生各種想法，或是越來越偏激的解釋，憤怒、悲傷、挫敗的情緒也會膨脹得越來越大。這就是所有爭吵的開端。

反過來說，當我們將注意力集中在「對方的需要」上，稀少的注意力就不會有空去關注自己對於當前狀況或對方的成見。我們甚至會忘記這件事可能與自己有關，而是嘗試去捕捉隱藏在對方話語背後的情緒和需要。這有助於我們更明確地了解他人的想法，也讓我們更有機會達成共識。

有些人會試著用「為什麼」的開放式問句，來了解他人想表述的事物。但我發現「為什麼」最管用的情況，是在對方有明確的邏輯能夠論述的時候，而這多半是理性思考的範疇。一旦到了感性的層面，許多人反而會被「為什麼」

給激怒，因為他們自己也答不出來，所以很希望對方能透過自己已經表達的部分了解自己所有的感受。

舉例來說，當有個人勸妳投資時，妳如果問對方：「為什麼要投資？」對方可能會開始侃侃而談，告訴妳該如何為財務作準備，免得未來變成下流老人。但如果對方跟妳說：「妳昨天為什麼沒接我電話？我快被妳氣死！」這時候妳問對方：「為什麼生氣？」對方很有可能認為妳在明知故問，甚至是嘲諷他。

所以當妳想要同理別人的時候，單純問「為什麼」是很難達成妳的目標的。此時要做的，是揣測對方的感受和需要。即使妳猜錯了，對方也會針對錯誤的部分解釋。這同時也是在協助對方釐清自己的感受。

再舉個例子，有次一個學生跟我說，她和一個男性友人在討論女性遇到可能被性侵的場合時，採取什麼樣的行動才是有效的。談著談著，他們就吵起來了。原因是男性友人認為，大家應該要致力於打造一個不會發生性侵事件的社會，而不是去想遇到的時候要採取多麼激烈的手段；而女方則認為，男人根本不懂遇到這種事有多可怕，而且在法律上，如果當事人沒有採取激烈的抵抗行為，事後有可能不會被判定為性侵案。

在跟我描述這件事的時候，她還是很生氣，於是我問她：「妳是不是很害怕，怕自己或親朋好友會遇到這麼恐怖的事？」她說：「對，我很害怕，我真的很害怕。」我又問她：「妳是不是希望可以保護自己或家人？」她想了一下，說：「對，我希望如果不幸遇到了，大家都可以保護好自己。所以我跟朋友吵架的那天，甚至覺得自己一定要教會他，女性遇到這種事的時候就是要激烈抵抗，不然他如果出去叫其他女生不要抵抗、乖乖順從以求活命，要怎麼辦？」

因為這件事並不是針對我，所以我能更從容地傾聽她的每一句話。但如果她今天發脾氣的對象是我，事情可能就沒這麼簡單了。

前陣子我為了處理搬家公司不慎傷到樓梯所產生的賠償事宜，花了許多時間和搬家公司的師傅聯絡。當我第一次傳報價單給對方的時候，我感覺對方的反應似乎有點激動。

師傅：「這金額有點離譜，我覺得修補還能接受，但拆掉重做就有點誇張。」

我：「因為破損的地方有二十處（為了描述客觀事實，我認真的去算到底有幾個破損），如果只用美容修補，之後會有美觀跟安全的問題，所以房東拒絕用美容。我會再請廠商看一下有沒有價錢比較低的方法能修復，到時候再跟您說。」

師傅：「如果要換新的，這價錢沒辦法接受哦。」

看到這邊的時候，我很生氣。心裡的OS是：「如果覺得很貴，那當初搬的時候就小心一點啊！這錢又不是要給我的，是沒辦法接受什麼？我就有辦法接受嗎？」

想歸想，我還是先耐住性子，跟對方說：「我了解你的意思。所以我會先請廠商來看看狀況，或是如果你有信任的廠商也可以請他來估價。」

師傅：「如果是我的話，當然只會叫他修補，怎麼可能打掉做新的？而且破損的地方沒有很大啊！雖然多，但哪來的安全問題啊？難道說，破這些洞，樓梯會垮下來嗎？這實在有點不合理。」

當時我真的也氣死了，很想直接說：「不然我直接找你們公司啦！如果有人把我東西弄壞，隨便補一補說要還我，我也會生氣啊！這哪有什麼合不合理的問題？」

在我打出這些字之前，突然問了問自己：「這是你想要的嗎？你現在很生氣，那你需要的是什麼？」深呼吸了幾次之後，我開始思索這個問題。我回想起最一開始處理這件事的時候，我想要的是盡量結好一點的緣份，我不想結惡緣，所以我想讓這件事可以圓滿落幕。

於是我試著去同理師傅的心情：「我感覺你現在好像很生氣。其實對於現在的情況我也很無奈。房東想要的是修復，我想要的是在我們負擔範圍的報價，所以我想請另一間廠商來看看，有沒有比較便宜的修復方法，我希望能達到三方都能接受的情況。」

師傅好像也比較緩和了下來，說：「也沒生氣啦，只是感覺蠻不合理。就像你今天撞到別人的車，對方告訴你，美觀問題跟安全考量，要你賠一台新車。我是覺得不太合理的。」

聽到這裡，我意識到對方似乎並不是不想負責。於是我問他：「所以你是覺得現在看起來要整座拆掉重做不合理是嗎？」

師傅：「對啊！」

我：「那我懂了，那你想的跟我一樣。我是想問廠商能不能把破損那幾片換掉就好，所以才跟你說再找新廠商來問。」

師傅：「感謝你。我是沒生氣，只是覺得不合理這樣。再麻煩你了。」從那次之後，師傅的態度都很好。

在突然面對刺激的時候，人們往往都會有些激動的情緒反應，這不見得是針對我們，而我們也沒有必要認為自己被針對。一旦對方發現我們很認真在聆聽他的感受及需要，能度就會漸漸平緩下來，因為他們會意識到溝通是有效的。

那麼當同理應用在感情中，會是怎麼樣呢？

舉個例子：

男：「為什麼妳什麼都要管這麼多？我不過就跟同事出去聚餐，和朋友去聚會，為什麼妳要把這些跟我愛不愛妳扯在一起？我就不能有自由嗎？交女朋友就不能有朋友是不是？」

女：「嗯……你是認為，每次你有什麼節目，我都過問，你覺得很有壓力，你希望可以有更多自由是嗎？」

男：「對啊！我又不是出去吃喝嫖賭！我去哪裡也都有跟妳說啊！為什麼妳都要問那麼多？好像我就是要背著妳去做賊一樣。」

女：「你是覺得，我每次問很多，是因為很不信任你，是嗎？」

男：「對啊！我就真的只是跟同事還有朋友出去而已，而且每次都是一群人，又不是單獨出去，為什麼妳不能什麼都不問，一定要連去哪、幾點去、幾點回來、有誰，都要問這麼清楚？我有時候就真的沒辦法控制回來的時間啊！」

女：「你是希望我可以多相信你一點，不要想這麼多，然後也體諒你沒辦法每次都能控制好時間，是嗎？」

男：「對，有時候老闆喝醉就會說要續攤，我又不敢不去，可是我又怕妳不高興、覺得我是不是騙妳，我也很為難。這種情況是要我怎麼辦？」

女：「那你會希望我都完全不要過問嗎？還是不要問太多，只要聽就好？」

男：「妳也不是不能問，只是不要問這麼細、問這麼多次。然後如果我真的不能準時結束，我會跟妳說，但妳不要每次都這麼生氣。」

女：「好。因為其實我有時候也會覺得不安，尤其如果我們比較常吵架的時候，我也會害怕你會不會覺得其他女生比較好。所以這種時候，我就會更想問清楚。」

男：「蛤？我沒有覺得其他女生比較好啊！只是覺得每次都因為這種事情吵架很煩。」

女：「那這樣好不好，我下次問的時候，你直接把你覺得想跟我說的資訊跟我說，例如時間、地點、有誰之類的，然後我就不多問，你覺得如何？」

男：「好像可以。我也不是故意要讓妳擔心，我只是有時候就忘了講，而且想說好像不太重要，我又不會出軌。」

女：「但對我來說很重要啊，如果知道多一點資訊，我會覺得比較安心，感覺比較知道現在是什麼情況。所以如果可以的話，希望你可以在有節目的時候，跟我說說有誰、去哪、可能幾點會回來，如果晚回來也跟我說一聲，我才知道發生什麼事。這樣好嗎？」

男：「我試試看，但我可能會忘記。」

剛開始這麼做的時候，一定會覺得很不自然、不自在，對方甚至可能覺得妳中邪。所以我會建議，在一開始練習的階段，盡量透過當面對談，最少也要用講電話的方式，會比較能清楚表達。我自己在練習的時候，就曾經因為是用訊息的方式，雙方都誤會了語氣，以為對方在挑釁，反而吵了起來。所幸最後我直接告訴對方我在練習這樣的溝通方式，對方才理解了我為什麼講起話來這麼奇怪。

如果妳很怕被誤會，甚至可以提前告訴和妳對談的人：「我現在在練習新的對話方式，如果你覺得我很怪，請馬上告訴我。」（這種對談方式叫「非暴力溝通」，但有些人聽到專有名詞會更生氣，所以請妳視情況講出全名，或僅以「新的對話方式」作為代稱。）

當遇到衝突的時候，仔細去聽對方的抱怨，即使它很刺耳，裡面都隱含了許多線索。

人們通常感到憤怒的，都不是某個人，而是這個人所做的某件事。只要這件事消失（或妳的解讀改變了），憤怒通常也就消失了。例如我常去的一間店，常常會忽略我在菜單上寫「不要香菜」，所以每次只要看到香菜，我就覺得很煩躁。但這不代表我討厭這家店，只要老闆不再加香菜就好了。

同樣的，**妳和伴侶間的爭執，往往也不是真的討厭對方**，不然幹嘛還要在一起呢？你們都必須了解，你們不是對於對方這個人感到憤怒，只是因為對某些行為作出的解讀，使妳們產生了憤怒的感覺。既然如此，那我們只需要**好好討論下次該怎麼做，找出一個雙方的需要都能滿足的方法**，衝突就不再是個問題。

每個行動的背後必定有其動機，而這個動機就是當事人的需要，只是每個人表達的方式不同。與其急著辯解，不如先仔細聽對方把話說完。一旦對方的需要被滿足了、感受到妳釋出的善意了，自然就有餘裕，可以開始聆聽妳的需要。

同理還有另外兩件必須特別注意的事情：

第一，非暴力溝通只是諸多溝通方式中的一種，它雖然很有效，但不是每個人都理解，也並非每個人都擅長。如果在學了這種方式後，認為不用這種方法溝通的人都很暴力、很蠢，那麼就失去我們學習的本意了——運用非暴力溝通的本意，其實就是讓彼此在更舒服的情況下，都能滿足需要。所以如果妳的伴侶或和妳溝通的對象，並不喜歡這樣的方式，或許在對方能接受以前，妳得盡可能的發展出類似、但又彼此都能接受的新模式。

第二，在同理別人的同時，也要記得同理自己。同理並非服務業，一定要以客為尊，我們的目的是：所有人都感到滿意。如果對方覺得很好，但妳卻感覺很糟，那麼關係就又失衡了，這跟壓抑自己沒什麼兩樣。所以在同理的同時，也務必要好好感受自己的情緒和需要，並且適時的表達，讓雙方能了解彼此的感受，我認為這才是實質意義上的「溝通交流」。

後記

這本書的主題叫作「練習被愛」，所以其實我一直很想談談「愛是什麼」。最一開始的時候，本來是要把這個議題放到本書的最前面的，但為了顧全書的整體性及架構，在改了又改、改了又改、改了又改之後（對，這本書至少改了三次版本），我決定把它放到最後面，當作閒談。

在我還年輕的時候，對於「被愛之於感情的重要性」還沒有太深刻的體會，當時有人問我：「愛是什麼？」其實我答不出來。我只知道很多文學作品裡都會提到這個詞，流行歌裡也不斷歌頌它，可是我不知道它究竟是什麼。因為我也沒被愛過。

一個沒被愛過的小孩，慢慢長成大人，然後試圖想要去愛別人，能得到什麼好下場呢？只能照著在書裡看到，或從別人口中聽到的方法，努力拼湊出一套對於愛的理解，然後認真實行，並且一敗塗地。

這世界上沒被好好愛過的小孩實在太多了，他們不斷長成大人、老人，並且用他們殘缺不全的愛去教育下一代，然後下一代再重複這個過程，於是這個世界上的愛變得越來越畸形。愛變得越來越扭曲，人們的戀愛變得越來越空虛，也無怪乎在我們得到了可以不婚不生的自由後，有越來越多人寧可單身一輩子。

當我們不了解愛是什麼，也沒有體驗過被愛的感受，戀愛其實只會變成雙方的負擔——我們要求他人來填補自己靈魂裡的黑洞，而代價則是以自身的快樂與自由意志作為交換，建造一個束縛兩人的牢籠。畢竟只要雙方承諾永遠被關在一起，就再也不會有一方感到恐懼和寂寞。

這就是我們所面臨的現況：絕大多數人對於「愛」的認知，都只能透過自行的摸索和嘗試，或是模仿父母及身邊的朋友。我們的社會教我們要成為一個有用的人，並且願意為此進行長達十幾二十年的教育工作，卻幾乎沒有人有能力花費百分之一的時間，教會我們該如何去愛人、如何被愛，以及什麼才是合理的、舒服的、平等的、自由的、健康的愛。

那什麼才是「愛」呢？我認為是自由、真實，跟希望。

「自由」意味著我們能有所選擇，我們能夠選擇靠近、選擇離開、選擇自己想要的方式、選擇自己想說的每句話，而不是為了符合某種對於愛的認知框架，強迫自己做任何事。

有了自由，我們才能建立自己的生活和界線，而不是讓自己的世界以對方、或你們共組的家庭作為主宰。妳能夠擁有自己喜歡的工作、興趣、朋友，選擇在自己想要的時間，和妳喜歡的任何一個人做妳想做的任何一件事。

妳不必害怕是否和朋友出去，會造成對方的不快；不用擔心是否會因為說錯一句話，就導致爭執。妳可以在關係裡自由的說出「我不要」跟「我想要」，而不是總想著必須配合對方，或是顧全大局。

而自由是建立在「真實」之上的。唯有真實的面對自己、面對妳的感情，妳才有辦法擁有自由。

「真實」代表著我們不再需要符合任何一個人所建立的標準、不需要去找一個人人稱羨的伴侶、不需要成為一個模範女友、不需要每週固定約會兩次，每晚準時說十分鐘的電話，每年一起出國一次、不需要遵守任何一種形式的感情規則。我們在關係裡所做的一切，都不再是因為扮演好某個角色，而是因為我們想這麼做而已。

真實的關係會令人感到恐懼，是因為我們幾乎不曾真實的活著。為了在人類社會裡平安的過活，我們習慣隱藏自己的想法和感受，戴著面具、扮演某些角色裝模作樣的過日子。

人們難以脫離這樣的生存方式，因為它是我們唯一知道能讓自己安全活在世上的方法。但這樣的生活，只會讓我們越來越討厭自己、越來越無法接受自己內在真實的想法和情緒，讓我們靈魂裡的破洞越來越大，離愛越來越遠。

我花了好多年的時間，才一步一步的讓自己有勇氣變得更加真實。以前我要求自己必須品性高尚、心胸寬大。現在我能接受自己就只是個凡人，也接受自己會在意許多小事；以前我無法說出與他人不同的看法，因為我害怕自己的看法也許是錯誤的。現在我能接受自己不需要是對的也無所謂，我的看法就只是我的看法，而我擁有可以擁有自己看法的權利；以前我沒辦法說出自己的感受，因為我害怕這樣會破壞關係。但現在我可以直接向對方說出：「我不喜歡你這樣的說法，因為我感覺我沒有不安撫你的自由。」；以前我無法誠實面對自己的不滿與憎恨，只因為那些對象是我理應要愛著的人。現在我可以知道，我對他們有憤怒、有怨恨，這是我的感受，我的感受確實存在，而這也不代表我再也不願意接觸他們，只是此時此刻的我還沒消化完我的情緒。

能努力練習著讓自己有勇氣做到這些事，是因為我懷抱著希望——我相信人終有一天能復原，找回自己與生俱來的愛與被愛的能力、能夠擁有美好的人生及感情。我們不是生下來要受到命運擺佈的，我們可以有所選擇。

我認為愛裡是存在著希望的。如果沒有希望，人無法往前、無法努力、無法改變，既然一切無法變得更好，那我們又有什麼理由要奮鬥呢？

如果妳對愛，或是對妳的人生有一個理想，那麼千萬不要輕易放棄。一次兩次三次四次的感情失敗，都不該是妳放棄的理由。這些失敗要告訴妳的，並不是「妳不配得到愛情」，而是「嘿，這裡有一些問題，快來解決它！」

感情失利對我來說就像感冒，它只是要透過讓我很不舒服的方式，逼我去面對現在的健康狀況或生活形態，而不是要告訴我：「哈哈哈廢物，你這輩子都不能健康啦！」

永遠要懷抱著希望，雖然過程會歷經許多跌跌撞撞、會有痛苦、掙扎。但只要不放棄，妳總會得到妳的理想，即使那和妳原本想像中的不一樣。

愛不是盲目的吸引，或無法控制的強烈衝動，那樣的感受都只是兩個人的傷口在共鳴。它們在渴望著把對方跟自己關在一起，以尋求短暫的平靜。

真正的愛是清醒的，具有意識的選擇——我不需要你，但我選擇和你在一起。我們彼此是獨立的個體，而非共依存的關係。少了你，或許我會難過、會覺得可惜，但我仍然是我自己。

希望這本書，能夠讓妳對於「愛與被愛」有更深刻的體會。好好的滿足自己、照顧自己，並不是自私的選擇，而是學會愛人的捷徑。

祝好